対話と協力を生み出す協同学習

一人ひとりをケアする授業づくり

佐藤曉 著

COLLABORATIVE LEARNING THAT FOSTERS DIALOGUE AND TEAMWORK

Creating classroom environments that encourage mutual support among students

創元社

まえがき

学校の勉強がなければ、いまある困りごとは自動的に解消するという子どもがいる。行きしぶる子どもの多くは、勉強についていけなくなっている。勉強さえなければ、学校に行けるかもしれない。実際、学習の負荷がかからない別室登校をして、どうにか親や先生との折り合いをつけている子どもは少なくない。学習障害と呼ばれる子どもは、学校から提供される勉強ができなくて困っているのであって、それから解放されれば、ほぼ不自由なく日常生活を送っている。

困り感を抱いているのは、特別な事情がある子どもだけではない。よくわからない授業はつらくても、友だちとゲームの約束をするために学校に来ている子どもがいる。勉強ができる子も、授業が終わりに近づくと、さっさと机の上を片付けている。勉強が、あまり楽しくなさそうだ。

何とかしてあげたい。問題をつくりだしているのが主に学校なのだから、学校が変わらないといけないはずだ。とはいえ現実は、先生たちの対応が子どものしんどさに追いついていない。これまでも、一人ひとりを支援する必要性が訴えられてきたが、個に応じた手立てを考案しつづけるのは、いうほど簡単でない。もぐらたたき状態に陥ることすらある。個別支援には限界があった。

では、授業を単位とした取り組みはどうであったか。個別最適化とともに、協働的な学びを取り入れた授業づくりを推奨する動きは歓迎したい。ただ、それによって、子どもに楽しいと言わせる授業がどれほど実現したのだろうか。授業で困っている子どもは、どれだけ救えたのだろうか。

なかなか学校が変われないもどかしさは、いまに始まった話ではない。二〇年ほど前から私は、職場のある岡山で、こうした問題に直面していた。個別支援に行き詰まりを感じ、子ども不在の授業研究に違和感を抱いていた。そんなとき、慢性的な荒れに翻弄されていた地元の中学校が着手したある取り組みを知った。「協同学習（学びの共同体）」の考え方による授業づくりと学校づくりだ。行事や部活動に力を注いでも子どもたちを救いきれなかった学校でもあり、「これかもしれない」という直観が働いた。年三回の公開研究会を継続させ、授業改善を推し進めてきた先生たちの挑戦は、いまや「やっぱりこれしかない」というところまで到達している。本書には、その過程で出会った授業実践が中心に収録されている。

現在、全国には、協同学習または協働学習というタイトルを掲げた提案がいくつかあって、それぞれ微妙に流儀を異にしているように見える。本書では、学びの共同体による協同学習の考え方と技法を紹介するとともに、とくに「ケア＝その子の弱さを肯定も否定もせずに引き受けること」の大切さを強調している。人のもつ弱さは、それじたい、良い悪いといった価値が及ばないものである。弱いことが良いことだと無理に理由づけしなくていいし、反対に、弱さ（苦手さ）を克服するとか、強みに変えるとかいったことを考える必要もないのだ。そのままにしておいてあげたらいい。

弱さが問題になるとすれば、それがもとで、人に不利益がもたらされる場合である。合理的配慮とは、そうならないように周囲の環境を整えることだが、なかでももっとも重視したいのが、誰もが穏やかに過ごせる人環境をつくることである。社会がおおらかさをなくすにつれて、人の弱さが不利に働くリスクがいっそう高まっている。二〇年前よりも事態は深刻だ。検査をしてまで弱さをあらわにするのは余計なお世話である。弱さが人を苦しめているときだけ、静かに手を差し伸べてくれる仲間が近くにいてくれればいいのだ。協同学習が育てたいのは、そんなことがあたりまえにできる子どもである。

対話と協力を生み出す協同学習――一人ひとりをケアする授業づくり【目　次】

序章　学校を楽しく、授業を楽しく

1　やりくりの現状

日本の小中学校は、総合的に見れば、ほぼ順当に運営できているのだと思う。「総合的に」とは、ざっくり外見からという意味であり、「ほぼ順当に」とは、細かいことを気にしなければ可であるという判断である。カリキュラムは充実しているし、授業時間には子どもが座って授業を受けている。休み時間になると、子どもたちの元気な声が響き渡っている。先生たちは、とてもまじめだ。忙しそうにしているけれど、子どもの話をよく聞いてくれるし、優しい。親からも信頼されている。

かたや分析的に、内情を含めて細かいことも気にして見ると、このままではまずいだろうと思われる事案をいくつも抱えている。いじめはなくならないし、不登校問題はいまだ解決の見通しがたたずにいる。授業が成立しにくくなっている教室も、あちこちで見かける。子どもの問題だけでない。教員不足は深刻である。働き方の改革をしようにも、業務のスリム化はいっこうに進まない。そもそも、先生たちに求められることが多すぎる。

もちろん、問題が放置されてきたわけではない。何もしなければ、もっとひどいことになっていただろう。どれもすっきり解決したとは思えないが、それでもなんとか持ちこたえているのは、できたほころびを繕いながら、先生たちがやりくりしてきたからである。現場というのは、そういうところだ。総合的に「みんな、頑張っています」と励まし合っていてもしかたないし、分析的に課題ばかりを掘り起こしていても、いいことにはならない。当面は、もうすこし賢いやりくりの方法を考案して、いまよりいくらかでも状況を改善させるしかなさそうだ。

2　授業を楽しくするための「問い」を立てる

しかし、やりくりするだけでは元気が出ないし、いつかは煮詰まる。先生たちが頑張れるのは、子どもの育ちと笑顔が、心の支えになっているからだ。子どもたちには、「学校が楽しい」「授業が楽しい」と言ってもらいたい。それが、教師を元気にする。

では、何から着手したらいいのだろうか。こんなテーマを前にしたとき、安易に手立て（答え）を見つけようとするのはやめたい。先生たちに養ってもらいたいのは、「現状の何を問題にしなければいけないのか」を、冷静に考える習慣である。当面のやりくりをするために、答えを急ぐ癖がついていないだろうか。これでは、いつまでたってもやりくりのループから抜け出せない。答えを導くことではなく、適切な問いを立てることに労力を費やしてほしいのだ。問題の詳細が明らかになっていないのに何か答えを言っても、それはあてずっぽうでしかない。立てた問いが適切であれば、たとえ時間を要しても、状況はおのずと好転する。反対に、問いを立て損なうと、事態はいつまでたっても変わらない。

立てるべき問いとは何だろう。優先度がもっとも高いのはやはり、「授業を楽しくするための問い」である。学ぶことに喜びを感じられない子どもは、授業以外の時間に楽しみを求めるしかない。それではかわいそうだ。教師の側からしても、意図的に手を打てるのは授業だ。給食だけでも美味しく食べさせたいが、毎日好きなものは出せない。休み時間も、教師が介入するのには限りがある。子どもに楽しいことをしてあげられるのは、授業場面がいちばんよさそうだ。

授業が行われている教室の事実に目を向けてみよう。

先生たちは、自分の授業のどこがうまくいっていないか気づいているだろうか。できない子どもがこぼれ落ちているだけではない。わかるはずの子どもまで混乱させていないだろうか。もっと学びたい子どもは暇を持て余しているかもしれない。一人ひとりの学びの経過も把握したい。子どもは、どの場面で学べていて、逆にどの場面で学び損なっているだろうか。男の子と女の子の関係性はどうだろう。

いいところも、たくさん見つかるはずだ。たくさんの書き込みをしたワークシートを見せ合いながら、楽しそうに話をする子どもたちがいる。班活動のさなかでは、「ここ、どうするの?」「ちょっと見せて」「そういうとか!」という声が聞こえてくる。学んだことを教室全体で共有する場面になると、仲間の考えを聞きながら、熱心にノートを書き足す子どもがいる。

「授業を楽しくするための問い」は、こうして見取られた子どもの姿から立てられなくてはいけない。

3 「学びの成立」と「授業のなかのケア」

子どもの見取りから問いを立てるといわれても、慣れない先生には難しいかもしれない。見取った内容を整理し、問うべきことがらを言葉にする指針があっていい。二つ、提案したい。一つは「学びの成立」にかかわること、もう一つは「授業のなかのケア」にかかわることである。

「学びの成立」、すなわち「子どもの学びがほんとうに成立しているか」という指針から解説しよう。理解とは、わかったことを自分の言葉で語り直すことである。先生の話を聞かせるだけでは、子どもに理解されない。聞けている子どもも、話の一部しか受け取れていない可能性が高い。子どもの活動量がどれだけ確保されているだろうか。しゃべりすぎの先生に、子どもが合わせているだけではないか。きれいに流れて見える授業は、子どもを巻き込んだ「授業ショー」かもしれない。おしゃべりするのは先生でなく、子どもでなくてはならない。

ところで、子どもが学びから離れていくときには、何が起きているのだろうか。先生の声は子どもに届くことなく、教室内に散乱している。教材とのつながりも断たれている。教科書のどこを見ていいかわからなくなった時点で、子どもは学びをやめている。

一方、一人の子どもが発言するたびに、それを聞く子どもに言わせる「わかりました」「同じです」といったストックフレーズは、授業の後半になるとトーンが落ちてくる。何人もの子どもが授業についてこられなくなっている現実をスルーして、言わせつづけるのはおかしい。それどころか、子どもたちは、はじめからほんとうにわかっているのだろうか。同調圧力を助長することにもなるストックフレーズは、廃止したほうがいい。

授業とはこんなものだと思ってはいけない。子どもの学びが滞っている事実に、もっと目を向けてほしい。それを放置して、「主体的な学び」などありえない。学びを成立させようとするなら、子どもが活動する時間を増やすしかない。教師がつくったシナリオにつき合わせる授業を見直そう。子どもたちは、先生たちの想定を超える学びを実現してくれるはずだ。

もう一つは、「授業のなかのケア」にかかわる指針である。これまでも「協同学習」では、「子どもをひとり（独り）にしない」というコンセプトを掲げてきた。子どもがひとりになっているシーンは、よく見ているとたくさんある。周りの子がせっせとノートを書いているのに、自分だけ何も書けずにいる子どもは、どのクラスにも一定数いる。それだけではない。班活動のなかでひとりになっている子どもがいないだろうか。限られた人数のなかで会話に加われない疎外感は、思いのほか深刻だ。子どもたちは互いに、相手の話をわかろうと思って聞いているだろうか。他者の考えをわかろうとする態度と習慣を養うことは、人権教育や平和教育にも欠かせない視点である。せっかく話しても班の仲間が取り合ってくれなければ、ひとりになるしかない。また、仲間が困っているときのフォローが、自分たちでできているだろうか。ひとりになっている仲間を放っておかない関係をつくりたい。

本書のタイトルに「ケア」という用語を用いたのは、「授業のなかでのケア」を強調したかったからである。ケアを充実させるためには、孤立しがちな子どもに対するセンサーの感度を高める必要がある。

4　学校づくりに向けて

「協同学習」は、学校を単位として展開しないと定着が困難である。先生たちに共有してもらいたいことは、「授業づくりの体系としての考え方」と「具体的な指導技術」である。後者については、後ほど詳しく紹介するとして、ここでは、前者について説明しておきたい。

「協同学習」は、「授業づくりの体系」である。体系といっても、それは授業の技法体系の一つではないし、理論体系の一つでもない。かといって、望まれる授業の普遍性を追究するものでもない。

「授業づくりの体系」とは、「うちの学校の子どもたち」に、「勉強が楽しい」「授業が楽しい」と言わせる授業を、それぞれの学校で創造していくプロセスである。はじめの一歩は、「学びの成立」と「授業のなかのケア」を指針として、問いを立てることである。見つけるのは問いであって、答えではない。適切な問いを立てることから授業づくりをスタートさせましょう、という提案である。

いま、多くの学校が、成果（答え）を出すことに追われている。先生たちが望んでそうなっているわけではないにせよ、問いを欠いたまま、結果だけが求められるのは奇妙である。ノルマのごとく外部から学校に持ち込まれる、いわゆる「（官製）学校研究」は、すでにテーマが決まっている。あらかじめ問いがあるのだから、研究とは名ばかりで、学校は子どもを使って答えを出す実験の場になっている。自主的に研究課題を設定している学校も、「うちの学校」に必要な問いを立てることに、どれだけ本気で向き合っているだろうか。PDCAサイクルによる実践を掲げる学校は、問いを立てるというプロセスを飛ばしていないだろうか。問いは、ある程度まで時流を意識せざるをえないとしても、「うちの学校の子どもたち」に「授業が楽しい」「勉強が楽しい」と言わせるために問題にしなくてはいけないことを、よく吟味したうえで立てられなければならない。

言い方を換えるなら、適切な問いを立てるのがとても難しいということに、先生たちには気づいてほしいのである。かつて、卒業論文を書こうとしたときに、テーマ（問い）が定まらなくて苦労したことを思い出そう。問いを立てるということは、本来とても手間のかかる営みなのだ。前節では、「学びの成立」と「授業のなかのケア」という指針を示した。「うちの学校の子どもたち」の場合、どうであろうか。このような観点から、授業や子どものようすを詳しく見たことがあるだろうか。しかも、そこから適切な問いを立てようというのである。そんなことを始めたら、たいへんなことになると思うかもしれない。その通りであり、たいへんなのだ。ただしこれは、もともとたいへんなことをたいへんだと言っているだけである。それを承知で、それでもそうすることが「うちの学校の子どもたち」を育てるためにもっとも優先されるべき仕事だとわかれば、あとはするしかない。

授業が楽しくなさそうでも、ケアを求めている子どもが放置されていても、「こんなものだろう」とやり過ごしていると、やがてそれがその学校の「あたりまえ」になる。完璧な授業などありえないし、すべての先生が上手に授業できるわけでもない。そうだとしても、子どもの学びやケアにかかわることがらが問いとして取り上げられなくなっているのだとしたら、学校はいつまでも変われない。実際、「協同学習」と聞いて二の足を踏む学校は、こういうことに手間暇をかける時間がないか、かけようという気持ちがない。「協同学習」は、「授業づくりの体系」であり、つねに問いを立てつづける営みである。

5　一歩を踏み出す

そう言われても、一定の見通しがないとはじめの一歩が踏み出せないかもしれない。これまで、どのような問いが立てられてきたのだろうか。本書で取り上げた実践事例からは、多くの学校で共有できそうな問いが読み取れるはずだ。「問いを立てるとは、こういうことなのか」という感触がつかめたら、あとは、「うちの学校の子どもたち」に向けた問いを立ててみよう。これまで考えたことのなかったような問いが見つかるかもしれない。

また本書では、現時点でもっとも有効であると思われる答え（手立て）をラインナップしている。立てた問いに対して、使えそうな手立てを試してみてほしい。それで子どもに変化が認められれば、その問いが適切だったといえる。おそらく、子どものかゆいところに手が届く問いだったのだろう。

ところで、「協同学習」を定着させるためには、このような手続きが、校内で共有されなくてはいけない。「協同学習」に取り組む学校が力を注いできたのは、授業公開と授業後の研究協議会だ。とりわけ重視したいのは、研究協議会の持ち方である。授業論を交換するばかりの協議会をやめて、「子どもの学びと育ちを語る会」に切り替えよう。「うちの学校の子どもたち」がいかに学び、どう育っているのかを、職員がそろって語れるのはこの場しかない。適切な問いを立て、共有できるのもこの場である。

授業公開が盛んな学校を訪ねると、外部に公開する日のほか、学期に一度は校内で互いの授業を見合う機会をつくっている。短時間ながら、研究協議をする時間も設けている。さらに、このような学校では、同じ学年団の先生たちが、自分の授業のない時間に、他の先生が授業をしている教室に出入りしている。子どものようすを見て、助けが必要なら、授業の妨げにならない程度に介入する。こうやって授業のなかの子どもの姿を共有していくうちに、「うちの学校の子どもたち」の学びと育ちに必要な問いが、おのずと現れてくる。問いには、はじめから明瞭な輪郭があるわけではないが、漠然とでも問いを意識した先生たちは、それに対応した最善の授業を模索しはじめている。

たくさんの学校を訪問して、わかってきたことがある。「協同学習」に後ろ向きだったり、始めてもつづかない学校は、子どもの方を向いて問いを立てるということをしていない。技法的な内容を伝えても、そのときは「具体的でよい」と評価してもらえるが、授業に反映されることはほとんどない。授業論として聞いているだけで、「うちの学校の子どもたち」に必要な指導技術として受け取っていないからかもしれない。子どもを語る研究協議会も定着しない。反対に、子どもを見て話をしようという風土をいささかでも残している学校は、年に一度であっても、研究会に招いてくれる。もちろん、それだけで学校は変わらないけれど、問いを立てることは継続しているので、終わってはいないのだと思う。

6　本書の構成

ここからは、この本の構成を紹介しよう。

第1章は、小学校の実践を題材に、「協同学習の授業をデザインしてみる」というテーマで書き進めた。授業をデザインする段階で、子どもの学びやケアについて、どんなことがらに注目したらいいのかを場面ごとに解説している。学習課題を設定する際には、もっと学びたい子どもを退屈させないように、「学ぶ値打ちのある学習課題」を用意しなくてはならない。また、ともに学ぶ教室を目指すのなら、すべての子どもを学びの土台（トランポリン）に乗せる必要がある。そこに乗せるための学習課題も考えておきたい。個人作業の場面では、することのわからない子どもが、わからないなりにやりくりしている。個人作業を共同化したほうが、学習効率はあがる。ペア活動や班活動の場面では、子どもにたくさん語らせよう。自分の言葉で語らないかぎり、学びは成立しない。先生は、それをよく聞いてあげよう。子どもがどんな話をしていたのかを把握しておくと、つづく共有場面で、意図的な指名による穏やかな学びの時間がつくれる。学んだことを安心して語り合える共有の場面は、班活動では理解にいたらなかった子どもを救う。こんな授業のイメージを抱いて、指導案は作成してほしい。

第2章では、中学校の実践を教科ごとに紹介した。学習課題は、教科の系統性をふまえて正しく設定されているだろうか。子どもが活動する時間は、十分に確保されているだろうか。授業デザインをひと工夫するだけで、子どもの学びはたちまち活性化する。授業のなかで子どもをケアするタイミングというものもある。これらのことがらについて、イラストと写真を交えた実践ライブによる解説を試みた。授業を楽しくするための問いも、随所で見つかるはずだ。教科によっては「協同学習」が適さないという声をときどき聞くが、そんなことはない。中学校の授業では、それぞれの教科で学ばせたい内容をよく吟味し、それを子どものものにするためのオリジナルな「協同学習」を創造してほしい。そんな思いを込めて、本書では七教科の実践を取り上げた。

第3章は、「協同学習」で用いられる指導技術を、カタログ的に整理した。ややこしい話が苦手な先生は、ここから読み始めてもらってかまわない。「協同学習」の考え方にうっすらとでも共感できて、ちょっとやってみようという気持ちになった先生には、ぜひ活用してもらいたい。教職経験の浅い先生は、明日の授業で使えそうなものがないか、ページをめくってみてほしい。実際の授業で効果が認められている技法ばかりなので、必ず役に立つと思う。「協同学習」は技法体系の一つでないといいながら技術カタログを提示するのは誤解を生むという指摘があるかもしれない。そうかもしれない。だが筆者としては、どんな技法であれ、よほど偏った考え方が背景にあるのでなければ、ひとまずやってみるのがいいと思っている。ただし、試してみたけれどうまくいかなかったと、安易に「協同学習」を否定するのは避けてほしい。そんなことをしても、自分のためにならない。

最後に第4章では、「協同学習」に学校として取り組むヒントを示した。長年にわたって組織的に実践をつづけている学校では、授業を受ける子どもの表情が違っている。授業のなかで話す機会をたくさん与えられ、手厚いケアをしてもらった子どもたちは、そういう授業を受けるのがあたりまえになっている。先生たちがどんな授業をしようとしていて、自分たちに何が期待されているのかがよくわかっている。「協同学習」は子どもたちに定着し、やがて子どもたちみずからの手で運営されるようになる。

それにしても、どうしたらこんな学校ができるのだろう。「協同学習」を進めている学校では、つねに子どもを巡るさまざまな問いが飛び交っている。これらの問いはどれも、「子どもが学びから離れないようにするには、どうしたらいいか」という、切実な問題に向かっている。

第1章　協同学習の授業をデザインしてみる

——小学校の授業づくり、はじめの一歩

1　授業デザインをつくる

（1）必要なのは「学びの展開」

小学校の先生たちと、指導案（授業案）の検討をする機会がある。扱う単元全体の指導計画を示してもらったあとに、研究授業をする時間の「本時案」を見せてもらう。単元の指導計画には、教科の系統性を踏まえ、時間ごとのねらいがていねいにまとめられている。本時案には、導入、課題提示、展開などの場面ごとに、子どもに期待される学習活動が書かれている。外部に授業を公開する場合は、この指導案をもとに模擬授業が行われる。指導する内容は適切であるか、授業の流れは計画した通りで大丈夫かといったことがらがチェックされる。

これだけの準備をして公開当日を迎えるわけだが、かけた時間に見合った授業ができるかというと、なかなかそうはいかない。授業後の研究協議会では、さまざまな意見が出される。コメントをもらえるのはありがたい。しかし、終わってからなら何でも言える。指導案検討のときに指摘してくれればよかったのにと思うことがらもある。

事前に、想像できなかったのだろうか。できなかったのだと思う。実際、指導案を見せてもらったときに、子どもが活動している姿が浮かんでこないことが多いのである。本時案にある「予想される子どもの反応」は、教師の課題提示や発問に対してどんな反応がありうるかという予想に留まっている。

思い浮かべたいのは、こういった授業の断面でなく、子どもが学んでいく流れである。それが、指導案からは見えてこないのだ。指導案に書かれている展開は、教師がする「授業の展開」であって、子どもを主語とする「学びの展開」になっていないのではないか。

(2) 学習課題とおおまかな流れ

どうしたらいいのだろう。本時案に替えて、「授業デザイン」をつくろう。示したいのは主に二点、「学習課題」と「おおまかな流れ」である。

①学習課題

「学習課題」は、「マスト」と「ジャンプ」に分けて検討する。マストは必須とされる基本課題、ジャンプは発展課題である。

順序としては、ジャンプ課題を先に設定するといい。ただし、ジャンプといっても、特別に難しい課題を与えるわけではない。単元で期待される活動を、妥協することなく子どもにさせるための学習課題である。教科書にある学習課題は、とてもよく考えてつくられている。要求される学習内容を確実に習得させようとするなら、教科書の学習課題からジャンプ課題は導かれていい。

ジャンプ課題が決まったら、そこに到達するために必要なマスト課題を用意する。子どもには、マスト課題を「課題1」、ジャンプ課題を「課題2」のように提示するといい。このような授業の構造を「トランポリンモデル」として示したのが、図1、2である。授業の前半では、すべての子どもをトランポリンに乗せ、マスト課題＝課題1を解決させる。この時点でトランポリンに乗れていないと、後半の活動についていけなくなる。全員をトランポリンに乗せたところで、次は、学ぶ値打ちのある学習課題（ジャンプ課題＝課題2）に向けてジャンプさせる。学びに身が入らない子どもも、揺られているうちに動き出す。

いくつか例を挙げよう。

文学作品の読み取りならば、教科書の「てびき」には、たとえば「場面に気をつけて、人物のようすや気持ちを読みとりましょう」とある。「てびき」という言葉は、文字通り受け取ったらいい。てびきに導かれて、授業を計画しましょうということである。ジャンプ課題は、このてびきにそって、時間ごとに設定することになる。それぞれの時間に取り上げる場面で、人物のようすや気持ちがどのようであるかを読み取る、つまり自分の言葉で語り直すことが、子どもに期待する活動である。

ここが定まると、マスト課題はおのずと決まる。書き込みがとても大切だ。書き込みとは、①教材文にある「ようすや気持ちを表す言葉」に線を引くこと、そして②その言葉から受け取ったようすや気持ちを自分の言葉で語る（書く）

図1　すべての子どもをトランポリンに乗せる

図2　学ぶ値打ちのある学習課題に向けてジャンプさせる

※佐藤曉『どの子もこぼれ落とさない授業づくり45』（岩崎学術出版社、二〇一二年）二〇頁より転載

ことである。ペアトークや班活動のときにも、書き込みはつづけたらいい。友だちの話を聞いて、加筆したくなることがあるはずだ。

書き込みをしながら、すでにジャンプ課題の域に達している子どもがいるかもしれない。ゆっくり学ぶ子どもは、一箇所でも二箇所でも、書き込みができていればいい。みんなが書けたところで、ジャンプ課題を提示しよう。作品に描き出された心の動きや心情の変化を子どもが感じ取ってくれたら、授業は成功だ。

もう一つ、高学年の社会科ではどうだろうか。日本の食料生産をめぐる課題を取り上げる授業である。教科書には、学習課題が明示されている。「つかむ」と囲った箇所には「食料生産の課題について話し合い、学習問題をつくりましょう」とあり、「学習問題」の例示が「日本の食料生産にはどのような課題があり、これからの食料生産をどのように進めたらよいのでしょうか。」とある（東京書籍『新しい社会　五年上』（令和四年度））。

この授業のポイントは、食料生産にかかわる課題を自分たちの問題として捉え、今後、安全かつ安定的な食料供給をつづけるために、「何を問題にしなければいけないのか」という「問い」を立てることにある。算数をはじめとしたほかの教科では、主に「答え」を求めることが授業のゴールになる。これに対して、社会科の場合、与えられた問いに答えるのではなく、問いを立てることが学習課題となりうることに注目してほしい。もちろん、これはジャンプ課題である。

マスト課題は、資料から必要な情報を読み取ることである。「日本と主な国の食料自給率」「日本の主な食料の輸入量の変化」「主な食料の自給率」などの図から、着目すべき箇所を特定し、データが示す意味を言葉にできたらいい。

子どもに気づいてほしいのは、半分以上を輸入に頼っている日本の現状である。世界中で起きている自然災害や戦争の影響についても、想像できるだろうか。いまある事情を、自分たちが直面している問題として引き受け、解決の糸口をどこに見出したらいいのかを考えさせたい。農業の担い手が減っていることにも、意識を向けてほしい。

②おおまかな流れ

次に、「おおまかな流れ」である。(1)子どもに期待する活動と、(2)活動がなされる学習形態をシンプルに示したものである。学びの進行表といってもいい。

国語の授業を例に挙げよう。導入では、リレー音読をしたあと、クラス全体で学習課題を共有する。マスト課題は、ペアの形態で取り組ませる。書き込みをした教科書をはさんでペアトークをさせる。課題にせまる書き込みには花丸をつけ、自信をもってペア対話ができるようにしておく。その後、いったん、子どもが話していた内容を全体で共有する。子どもの考えをつなぎ、どの子もマスト課題に取り組めたことを確認する。学びが一区切りしたところで、ジャンプ課題を提示する。このあとは、たっぷり班活動の時間をとる。子どもが教材から離れないように手当てしながら、班の話を聞きにいこう。終盤では再度、全体で共有する時間を設ける。班で話されていた内容をもとに意図的な指名を繰り返し、ジャンプ課題の解決へと導く。最後は、学んだこと、語りきれなかったことを子どもが書き浸る授業にしたい。

できれば、この流れのなかで、授業者がどんな立ち位置から、どう子どもにかかわるかという計画までたてておくといい。かかわりの技術については、このあと解説しよう。

2　かかわりの技術

(1) 子どもの活動を八割にする

「おおまかな流れ」が決まったところで、授業の計画を、具体的な「子どもの活動」という観点から見直そう。ポイントが二つある。一つは、子どもにさせる活動内容であり、もう一つは、子どもの活動を仕組む手立てである。

前者については、先ほど解説した学習課題が鍵になる。ペア活動にしても班活動にしても、話すテーマが明確でないと、子どもの活動は停滞する。意見交換をしましょうと告げただけでは、話はすぐに終わる。また、ペアや班で作業させるときに、子どもはすることがわかっているだろうか。それ以前に、させたいことを授業者自身が言語化できているだろうか。

後者については、さまざまな手立てをこのあと紹介するが、目標を一つ設定しておこう。それは、「授業全体に占める子どもの活動時間を、八割以上確保すること」である。よくあるのは、「子どもを使った授業ショー」である。八割を先生がしゃべってしまって、残りの二割は、先生が言わせたいことを子どもに言わせている授業である。一見きれいに流れているようにみえるが、子どもは先生につき合っているだけである。板書を写すことはあっても、学べていない。つき合いの苦手な子どもは、時間の経過とともに、授業から離脱していく。

しゃべりすぎないためには、子どもが満足いくまで活動できる授業をデザインするしかない。教師の心がけだけでは実現しそうにない。一定の指導技術が必要である。子どもをケアする手立てを含め、先生たちがこれまであまり勉強する機会がなかったであろう指導技術が、「協同学習」には用意されている。それらをぜひ習得してほしい。

このあとは、標準的な授業の進行に沿って話をしよう。どんな場面で、具体的にどのような指導技術を使うと、子どもの活動が促進できるのかを示したい。

（２）子どもの活動を促進させる

①導入場面

●声のトーンを落とす●

声のトーンを落とそう。先生の声が大きいほど、子どもの活動水準は下がる。声に圧倒されて、聞くだけになるからだ。聞いてくれればまだいい。耳が疲れて聞けなくなっている子どももいる。

●導入は静かに●

授業は、静かにスタートさせよう。はじめから子どもの興味をひく教材を提示すると、教室のテンションが過度にあがる。あがったテンションは、教材が視界から消えた途端、一気に落ちる。子どもの集中力は切れ、学びが成立しなくなる。ざわつきがちなクラスでは、とくに注意が必要である。

●近くで話をさせ、子どもの喉を温める●

授業の冒頭で写真を提示し、「これ、見たことある？　何をしているところでしょう」などと発問することがある。何人かの子どもが、「はい」「はい」と手を挙げて発言しようとする。

このとき、すぐに発言させずに、「ちょっと、近くで話してごらん」と投げかけよう。ペアでも、前後の子どもでもいい。ようすを見て、発言できそうな子どもを指名する。できれば、ふだんあまり発言しない子どもに言ってもらうといい。導入段階の質問なら、答えやすい。声を出すと、喉が温まる。きっかけをつくってもらった子どもは、そのあとも話しやすくなる。

授業が進行しても、折に触れて、近くで話す時間を設けよう。子どもがよく話すようになるし、教師の言葉数も減らせる。

●ストックフレーズをやめる●

「ストックフレーズ」をやめよう。ストックフレーズとは、たとえば、一人の子どもが発言したあとに、周りの子どもたちに反応させるときの定型句だ。「いいと思います」「同じです」などと言わせている。「意見が違います」「別の考えがあります」といった、意思表示のハンドサインも同じだ。

ストックフレーズに違和感があるのは、ふつう大人がしないことを子どもにさせているからだ。大人の会議では、挙手を求めることはあっても、誰かが発言するたびに声をそろえて「同じです」とは言わない。ハンドサインを使う人は、見たことがない。

それだけではない。ストックフレーズは、表出が苦手な子どもの声をかき消している。また、言わせつづけると、授業の進行とともに、声のトーンが落ちてくる。声が出なくなるということは、授業についてこられない子どもが増えているということだ。

ストックフレーズは、同調圧力を助長する危険もある。仲間の発言に反応することだけを求めて言わせているのだとしたら、ほかの方法を考えるべきである。このあと紹介する「一往復半の技術」などを参考にしてほしい。教師の都

折に触れ、「ちょっと、近くで話してごらん」と、子どもに投げかけよう。

合で、奇妙なことを子どもにさせてはいけない。

●「複数の声」で言わせる●

いまからすることの説明が長くなるときがある。書いたものを見せたりして、話を短くしようとするのだが、子どもがわかっていなそうな顔をしていると、心配になってまたしゃべり出してしまう。「することがわかりましたか？　質問はありますか？」と聞いても、反応は鈍く、数人の子どもが返事をするだけである。

このような場合、指示を出したあとに、「することを言ってみてください」と、何人かの子どもを指名するといい。はじめは、わかっていそうな子どもをあてる。つづいて、すこし心配な子どもに「○○さんの話をきいて、わかった？」と訊いてみよう。こうして複数の子どもに答えてもらうと、することがはっきりしてくる。同じ説明でも、仲のいい友だちから聞くほうが理解しやすい。

②ペア活動や班活動の場面

●個人作業を共同化する●

子どもをひとり（独り）にしないようにしよう。「まずは、ひとりで考えましょう」という個人作業の時間が、子どもをひとり（独り）にしている。

考えてほしいことがある。「ひとり（独り）ですること」と「自分ですることと」は別である。自分ですることとは必要だ。しかし、それはひとり（独り）ですることと同じでない。難しいことやしたことのないことをするときは、ひとりでしようとせずに、他人の力を借りたほうがいい。力は借りるが、もちろんするのは自分だ。

授業で子どもに求める個人作業は、共同化したほうがいい。ここでいう共同化とは、わからないことを尋ねたり、どこから手をつけていいかわからないときに、手がかりだけでも教えてもらったりすることである。授業を変えたい。個人作業の時間をとるにしても、はじめからペアや班でさせてみよう。

答えに自信のない子どもは、友だちと同じことが書けていれば安心する。違っていたら、ノートを見せてもらったらいい。それができないから、せっかく書いたものを消してしまうのだ。周りの子どもも、困っている子の手伝いをしていいのだと言われれば、すすんでかかわってくれるはずだ。それを妨げているのが、個人作業の時間である。

●話すための準備をさせる：書き込みをさせる●

ペア活動をさせても、話がつづかないことがある。子どもが消極的なのではない。手立てが不足しているのだ。もっとも有効な手立ては、「書き込み」である。人に大切なことを伝えようとするときには、準備がいる。書き込みは、ペアや班の子どもと話をするときの、手がかりになる。

書き込ませる内容は、学習課題と対応させる。五年生の教材「たずねびと」

個人作業を共同化する。わからないことがあるときは、友だちのノートやワークシートを見せてもらう。

（光村図書出版『国語　五』（令和四年度））では、「心情などのえがき方から、どんな印象を受けたか。」「中心となる人物が出会う人やもの、経験したことが、物語においてどんな役割をもっていると考えたか。」というテーマが設定されている。この場合、たとえば、「心に残った描写に線を引いて、そこからどんな印象を受けたかを書き込む」「物語の全体像に影響を及ぼすと思った箇所に線を引いて、その役割がどのようなものであるかを書き込む」といったように、書き込んでほしいことがらを明示しよう。課題にせまる書き込みを期待したい。

対話が一往復で終わらないようにするためには、よく書けているところにマークをしてあげよう。自信をもっておしゃべりできる。友だちの話を聞いて納得した内容は、追加で書き込ませる。自分で話していて思いついたことも、その場で書き足せたらいい。

●書き込みがしやすいワークシートをつくる●

書き込みがしやすいワークシートを作成しよう。低学年の国語のワークシートは、教材文や挿絵のすぐ横に書き込みができるスペースを設けておくといい。「じどう車くらべ」（光村図書出版『国語　一下』（令和四年度））の単元ならば、それぞれの車のしごととつくりについて、どの言葉からどんなことがわかったのか、自分の考えを書かせよう。挿絵にも印をつけさせ、コメントを書き込ませる。社会科の資料をワークシートに載せるときにも、書き込みのスペースは十分に確保したい。表やグラフは、注意深く見る習慣をつけよう。動きや変化など、ポイントとなる部分に印をつけさせ、それが意味することがらを書き込ませる。

仲間と交流しながらたくさんの書き込みをしたワークシートは、個の学びが成立している証である。完成させたワークシートは、毎時間、綴じていくといい。その子だけのワークシートファイルをつくってあげたい。

●ペアや班の活動に先生が入る①子どもと教材をつなぐ●

授業では、子どもと教材をつなぐことが、先生のもっとも大切な仕事である。教材を提示するだけではいけない。子どもとつなぐ必要がある。

ところで、教材とつなぐとは、どのようなことだろうか。それは、見る場所を特定して、そこで示されている意味を取り出させることである。国語の教材であれば、文章中の表現（場所）に着目して、その表現が意味していることがらを自分の言葉で語り直すことだ。算数の図形問題であれば、注目すべき箇所（場所）を指して、問題解決の糸口を見出すことだ。理科の実験ならば、観察すべき事象（場所）に目を向けて、起きている現象を正確に記述し、科学的に説明することだ。

ペア活動や班活動が滞っているときは、子どもと教材がつながっているかどうかを確かめにいこう。学び合いの授業は、教材を媒介にしてこそ成立する。

●ペアや班の活動に先生が入る②次の展開を意識して話を聞く●

子どもの話を聞くことも、先生の大切な仕事である。ペア活動や班活動をし

教材を介して、子ども同士が聞き合う授業をつくりたい。

ているときには、子どもの話を座って聞こう。子どもの「できる－できない」を見て回る「机間巡視」はやめたい。見て回られた子どもには何の利益もない。この時間こそ、一人ひとりの子どもが発する言葉を聞ける。

このタイミングで子どもの話を聞く意義は、ほかにもある。次の授業展開に向けての準備になる。ペア活動や班活動のあとには、全体で共有する場面が設けられる。このとき、子どもがペアや班で話していた内容を把握しておくと、効果的な指名ができる。共有場面での意図的指名が推奨されるのは、発言が特定の子どもに偏らないようにするためだけでなく、子どもたちの考えをつなぐためである。先生は、一人ひとりの考えをよく聞いて、覚えておいてほしい。そうしておかないと、うまくつなげない。

●いっしょに聞いてあげる●

「教え合い」は、お勧めできない。教える子どもが固定化するし、教わってもわからない子どもは、しんどくなる一方だ。教わる子どもには、深刻な困り感がある。説明を聞いてもわからないことのほうが多い。わからないまま、答えだけを写してその場をやり過ごしている。わからないところを自分から訊けたらいいのだが、それができるくらいなら、はじめから困らないのだと思う。

こういう子どもは、先生が引き受けてあげよう。わからないことを尋ねても、おそらく答えられないので、どこまでならわかっているのかを話してもらう。よく聞いて、どこから先がわからずにいるのかを明確にしてあげたい。わから

ペア活動や班活動が始まったら、子どもの話を座って聞こう。

ないところが言葉になってきたら、それを教えてくれそうな友だちに伝えよう。友だちの説明は、いっしょに聞いてあげるといい。聞いてもわからなかった経験を繰り返している子どもは、先生がいっしょに聞いてくれると安心だ。

●活動に区切りをつける●

授業には、活動と活動の間に「区切り」があったほうがいい。もっとも大きなものは、マスト課題とジャンプ課題の間の区切りである。マスト課題を終えるときには、ノートやワークシートがほかの子どもと同じように書けているかどうか確かめてあげよう。一つの活動に一定の決着がつくと、子どもは次に進みやすい。

区切りはとくに、授業から離脱しがちな子どもに必要である。マスト課題とジャンプ課題の間だけでなく、細かな活動が終わるたびに「ここまでは大丈夫」という小さな区切りをつくり、その都度、声をかけてあげると子どもは安心する。あちこちに区切りがあると、授業に入り損ねた子どももどこかで活動に加われる。区切りが、授業に参加する「入口」になる。

③共有場面

●一往復半の技術：リボイスをやめる●

子どもが発言したあとに、語られた内容を先生の言葉でまとめてしまうことがある。「リボイス」と呼ばれる行為だ。授業が、先生と子どもの一問一答になってしまう最大の理由はリボイスにある。これをしつづけると、子どもは仲間の発言を聞かなくなる。先生の言葉だけを追っていれば、授業の概要はつかめるからだ。リボイスと同じなのが、子どもが発言するたびに、その内容を板書してしまう行為である。言葉を繰り返す代わりに、書いてまとめている。子どもたちは、黒板を写すことだけに忙しくなる。

リボイスをやめるだけで、教師のしゃべりすぎ（書きすぎ）は大幅に減らせる。とはいえ、リボイスをやめて、どうしたらいいのだろうか。「一往復半の技術」を使ってみよう。先生の発問に子どもが答えて一往復。ここでリボイスせず、「どう？」「聞こえた？」「〇〇くんの言いたいことわかった？」などと、子どもに投げかける。これで一往復半だ。このとき、何人かの子どもを意図的に指名してもいい。子どもの考えをつないでいくのである。

●聞く－つなぐ－戻す●

「聞く－つなぐ－戻す」という指導技術がある。言葉を補うと「子どもの話を聞く、子どもの考えをつなぐ、そして教材やテーマに戻す」ということになる。

聞いてつなぐには、先ほど紹介した「一往復半の技術」が使える。これに加えて、「戻す」技術を身につけよう。子どもの話を聞いてつないで、さらに、「挿絵のどこを見て、そう思ったの？」「いまの話なんだけど、教科書（教材文）のどこに書いてあったか、教えてくれる？」というふうに、教材に戻す。このとき、周りの子どもにも、「いっしょに、場所を確認してくださいね」と言って、クラスごと教材につなぐといい。見る場所が共有できたら、次は意味を共有させる。たとえば「いまのところを読んで、○○さんはどう思った？」「△△さんの考えも聞かせてくれる？」などと、投げかけてみよう。一人ひとりが教材文から何を受け取っていたのかをていねいに聞き、共有したい。

教材に戻すことは、授業がわからない子どもへの配慮でもある。話し言葉だけが飛び交う教室はつらい。教材とつなぎ、いまどこの話をしているのかをわかるようにしておくのが、先生の務めである。

●立ち位置を工夫する●

共有場面では、先生の「立ち位置」に気をつけよう。子どもの話を聞くのにちょうどいい場所がある。黒板の前に立ちつづけるのはよくない。机をコの字にしているときは、教室の側面か後方に立とう。欠席者がいるときは、空いた席に座って子どもの話を聞くのもいい。

心配な子どもがいたら、隣でいっしょに聞いてあげよう。授業がわからない子どもは、いつも心細い思いをしている。ときどきその子の方を向いて、「わかった？」と声をかけてほしい。「よくわからない」と言える相手がいるだけで、子どもは救われる。

●できたてほやほやの言葉を紡がせる●

「できたてほやほやの言葉」を語らせたい。子どもは、語りながら自分の考

空いた席に座り、子どもと同じ目線で話を聞く。

えをつくっていく。漠然とした思いは、とつとつと言葉にしていくうちに輪郭が定まってくる。このとき発せられる言葉は、あらかじめ用意されていた言葉ではなく、いままさに自分の考えとなって表出される「できたてほやほやの言葉」である。

ときに言葉を詰まらせ、言い換えを繰り返すことによって、子どもは「できたてほやほやの言葉」を紡ぎ、みずからの言語空間を広げていく。小学校では、「話型（話形）」を使って子どもに発言させることがあるが、これは限られた論理空間に子どもの言葉を押し込んでいる。

●聞き手を育てると、話が上手になる●

聞き手に恵まれると、話は上手になる。豊かな言葉を育てるためには、スピーチの練習をさせるより、聞き手を育てるほうがよい。

身近な聞き手は、クラスの子どもたちである。子どもには「聞く作法」を教えよう。いちばん大切なのは、「相手の話をわかろうと思って聞く」ことである。これは、人権教育とも重なる。「話している人の方を見て聞く」ことも、子どもたちには習慣づけたい。目を合わせる必要はないが、からだは向けてほしい。「いいと思ったときは、うなずきながら聞く」「最後まで聞く」こともできているだろうか。これらは、作法であるとともに、話し手を尊重する態度でもある。

人は、承認を求めて言葉を発している。それゆえ、聞くという行為はそれじ

「聞く作法」を、子どもに習慣づけよう。

たい、相手を承認する可能性を前提に成立している。逆に、聞かないという態度は、聞く前から相手を承認しない（したくない）というメッセージを発している。

●学びを個に還す●

語るだけ語って、それでも語り足りなかったことを書き浸って終わる。こんな授業が理想である。協同学習のゴールは、班で考えをまとめることではない。仲間といっしょに学び、最終的には一人ひとりが学んだことを自分のものにする。学びは、個に還らないといけない。

先生がまとめを板書し、それを子どもが写して終わる授業はあまり推奨できない。たとえうまくまとまらなくても、まとめは自分の言葉で書いてほしい。ひとりで書けない子どもには、その子の考えにぴたりと合った言葉を見つけてあげよう。

語りきれなかったことを書き浸って終わる授業が理想である。

第2章　中学校の授業づくり

1　中学校二年　英語（比較級）

○授業デザイン

学習課題

「さまざまなものや人などを比べて、読んだり書いたりすることができる。」

おおまかな流れ

①チャンツをする（ペア）、②クイズをする（ペア）、③カルタをする（グループ）、④比較級を使ってゲームをする（グループ）、⑤ワークシートで英作文に取り組む（グループ）、⑥英作文を発表する（全体）、⑦ふり返りをする（全体）

○この授業を紹介する理由

活動量がとても豊富な授業である。いつもの授業の流れがあって、そこに子どもを引きつける教材が提示されるから、学びのモチベーションが上がる。先生は、協同学習の基本技術を駆使しながら、一人ひとりの子どもにていねいにかかわっていた。途中であきらめる子どもが出ない授業だった。

授業のはじまり。ワークシートの綴りを忘れてきた子どもには、この日に使うシートを用意した。そのタイミングで、雑然としている机の上を、ささっと片づけてあげた。

POINT① スタート時点でつまずくと、その後も学習が滞りがちだ。机の上が乱雑になっているときは、さりげなく片づけてあげよう。指示の言葉が多いと、子どもはやる気を失う。

授業は、いつもチャンツ（リズムに合わせて単語や文を読む活動）から始まる。スピーカーから流れるリズムに合わせて全員で読んだあと、ペアで読み合う。つづいて、英語で書かれた質問文を、交替で読み、答える。山田君（仮名、以下同）は、読み方のわからないところを教えてもらいながら質問していた。

次の課題は、英単語カルタだ。班をつくる。イラスト入りで印刷された、「young」「old」「large」「small」「tall」などの形容詞カードが用意された。録音された単語の音声が流れるのに合わせて、カードを取る。シンプルな活動だが、盛り上がっていた。転校してきたばかりの齋藤さんも、笑顔を浮かべていた。

この日の本題に入る。めあて（「人やものを比べて、読んだり書いたりできる」）

授業が始まる。ワークシートの綴りを忘れてきた子どもには、この日に使う分を手渡す。机の上も整理してあげた。

が示された。黒板には、国旗や動物のイラスト、そして中学校の先生の顔写真がプリントされたカードが貼られていった。

「二種類のカード two types of cards があります。一つは黒板と同じカード the same cards です。別のカード another card もあります。インフォーメーションカードです。インフォーメーションって何？」

『案内所、あるじゃん、イオンとかに。』

「インフォーメーションカードを混ぜてください……please shuffle information cards.」

いまからすることの説明をつづける。

「カードをこんなふうに取り出して……pick up a card, like this, ok?　取り出したら読みます……and read, like this」。

インフォーメーションカードを読んでみせる。

「elephant is stronger than giraffe. 情報を読んで、この順に……this order, giraffe or elephant, which is stronger? please think. どっちかなと考えてください。決まったら、この紙の上にカードを並べます。」

黒板に貼られた手順（①インフォーメーションカードを混ぜる②文字を下にして置く③一枚取って読む④イラスト（写真）カードを並べる⑤繰り返す）を読みあげる。

「どうすればいい？　矢野さん、いちばん最初は？」

国旗や動物のイラスト、さらに中学校の先生の顔写真がプリントされたカードを黒板に貼る。

することを伝える。①黒板に貼ったものを縮小したイラスト（写真）カードと、インフォーメーションカード（国旗、動物、中学校の先生のカードを並べるために必要な情報が比較級を用いた英文で書かれている）を各班に配る。②インフォーメーションカードの情報を読んで、先生、動物、国それぞれのジャンルごとに、イラスト（写真）カードを正しく並べる。

『シャッフル、混ぜる……で、探して、比較する。』
「というのをみなさんで、順番に一人ずつ、繰り返してください。ではグループでどうぞ。」

POINT② することがわからない表情を子どもがしているときに、説明を繰り返してしまうことがある。これは、やめたい。何人かの子どもに「することがわかった？　言ってみてくれる？」と尋ねてみよう。はじめに指名するのは、まあまあ答えられそうな子ども、つづけて、すこし心配な子どもをあてる。「○○さんの話を聞いてわかった？　△△さんも言ってみてくれる？」などと、声かけするといい。

教室を見渡したところ、作業に着手できていない班があった。4班だった。先生は、班の子どもの近くに座り、話を聞くことにした。
『安楽先生は、藤井先生より若い。』
インフォーメーションカードを読んで日本語に訳していたが、そのあとどうしていいかわからないようすだった。先生はこの場に留まり、しばらく作業につきあうことにした。

POINT③ 班活動のときは、子どもの話をよく聞いてあげよう。「できる―

心配な班は、早めにようすを見にいく。先生は、座って話を聞く。座ることは、「話を聞く」というサインである。

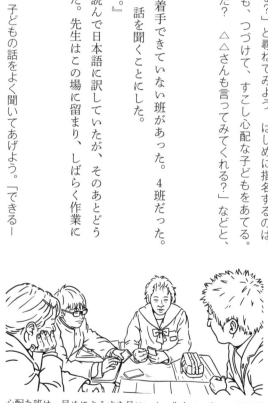

できない」をチェックするだけの机間巡視はやめよう。先生がうろうろ歩き回っていても、子どもには何の利益もない。

2班は、活発に作業を進めていた。

『アメリカは、中国より大きい？……安楽先生は黒住先生より古い？』

『古いって？』

3班の米田さんは、こんな2班のようすを見ていて、何をしたらいいかわかったようだ。そういうことかと、自分の班のインフォーメーションカードを読み始めた。

4班は、その後、自分たちで作業を進めていた。再び先生が来てくれたが、任せて大丈夫そうだった。

9班の坂本君は、カードを束ねていた輪ゴムでいたずらしていた。班の仲間は、それをとがめることなく作業を進めていた。坂本君があやまって飛ばしたゴムも、作業の手を止めて拾ってくれる。

『内田先生は、安楽先生より若い。』

気がつくと坂本君は、インフォーメーションカードを手にして読んでいた。

再びようすを見に来たとき、４班の子たちはインフォーメーションカードを広げ、交替で読み上げてはイラストカードを並べていた。

やる気が起きない子どもも、班の仲間が受けとめてくれる。

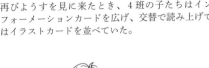

授業は中盤に入った。指名された子どもが、黒板の前に出てカードを並べる。この間も、班活動はつづいている。黒板を見て、自分たちの班がしたものと照らし合わせていた。

POINT④　班活動の途中で、指名した子どもに出てきてもらい、できたところまで黒板上で報告してもらうのも効果的だ。活動が滞っている班は、黒板を見て、作業の手がかりが得られる。班活動をすべてすませてから順に発表させるより、このほうが子どもは学べる。

机の形をコの字に戻し、学習したことを全体で共有する。〈先生〉のところが一箇所、違っていた。

「ちょっと、インフォーメーションカードに戻ってみよう。」

『Mr Anraku is younger than Mr Fujii.』

「もう一回読んでみて。」

全体で、もう一回読む。

「ということは？　米田さんどう？」

『藤井先生と安楽先生が逆。』

使った教材を片づけさせ、ここまでの活動に区切りをつける。次は、自分た

班の仲間に支えられ、いつのまにか活動に参加している。※写真は、イラスト中のカード。

間違いを見つける。〈先生〉のところが違っていた。

ちで書く課題だ。
「どこでもいいので、この関係性、たとえば藤井先生と安楽先生の関係のようなもの、そのような関係がどうだったかということを、自分らの言葉で英語にしてみようかな。」
後半のめあて（「人やものを比べて、英語で読んだり書いたりしてみよう」）を板書する。

POINT⑤ どの子も、「ここまではできた」というところで、ひと区切りしよう。

9班の坂本君は、ワークシートを途中まで書いたが、そのまま固まっていた。しばらく考えたものの、この先、どう書いたらいいかわからず、隣の児島さんに尋ねた。すぐに見せてもらって、書き写した。しかし、〈than〉が脱落していた。

6班では、徳永さんがひとりになっていた。自分のワークシートを書き終えた間野君は、彼女が書くのを心配そうに見ていた。そこに先生が来た。徳永さんの傍らに座り、引き受けてくれた。

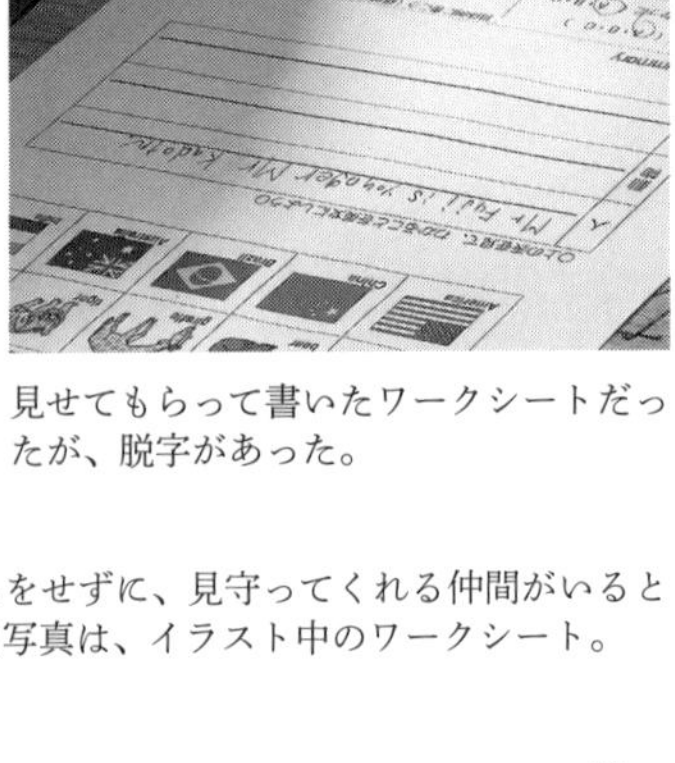

見せてもらって書いたワークシートだったが、脱字があった。

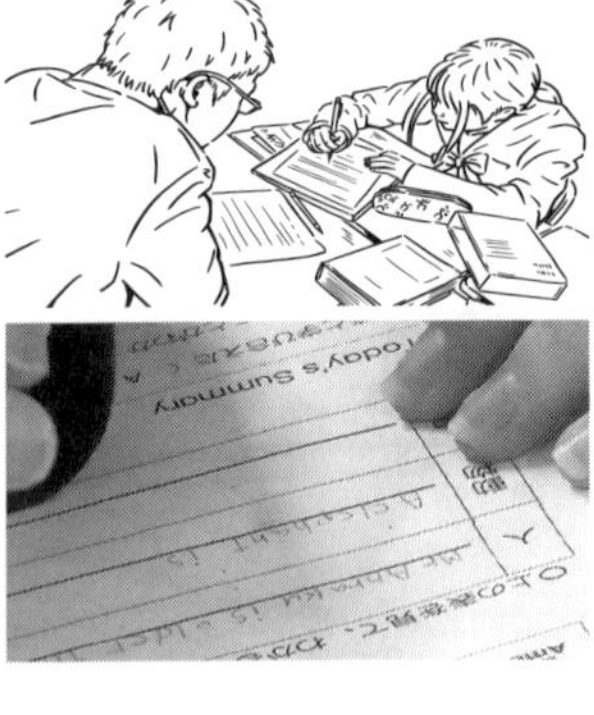

よけいな口出しをせずに、見守ってくれる仲間がいるとありがたい。※写真は、イラスト中のワークシート。

先生が去ったあと、間野君は、徳永さんが見やすい位置に自分のワークシートを置き、写す場所を指でさしてあげた。徳永さんは、消したり書いたりしながら、最後まで書ききった。

POINT⑥　班の子どもたちだけでは、助けきれないことがある。あとを引き受けよう。

黒板の前では、指名された複数の子どもたちが、自分で作った文を書いていた。前に出てきても、子ども同士で相談できるのは安心だ。このときも、班活動はつづいている。

POINT⑦　班活動の途中で、指名された子どもたちが前に出る。できたところまで書いてみるのだが、黒板の前で相談できるのがいい。

机をコの字に戻し、学んだことを再び共有する。黒板に書いた文を読んでもらう。

『Mr Kadota is older than Kurozumi.』
「綾部さん、もう一回読んでみて」
『あっ、ミスター、が抜けてた。』

後半の共有場面に移る。自分で作った文を黒板に書く。自信がなくても、近くで仲間が助けてくれる。

「次の文、何が抜けてる？　ここ（文頭）には（大文字の）Ａがあるね。だから、ほかにもａがいるんじゃない？　大﨑さん、もう一回読んでくれる？」

『A bear is stronger than a giraffe.』

「梶谷君、これどういうことなの？」

『クマは、キリンより強い。』

「じゃ最後これ、佐伯さん、これ読んで。」

『Brazil is longer than India.』

「longer?　larger?　どっちがいいんだろう……larger でいい？　日本語に直してみて。longer だったら？」

『長い。』

「だったら？」

『Brazil is larger than India.』

「佐伯さん、もう一回、お願いできる？」

『Brazil is larger than India.』

近くの仲間が、手伝ってくれた。

POINT⑧　班活動では難しかった個の学びが、共有場面で完結することがある。

共有場面。全員で、文の添削をする。

机の形をコの字に戻したあとも、いっしょに学んだ班の仲間が助けてくれる。

９班の坂本君は、抜けていたthanを追加し、一つだけだが文を完成させていた。

2　中学校一年　数学（回転体の体積）

○授業デザイン

学習課題

「回転体の体積を求めることができる。」

おおまかな流れ

①平行四辺形を回転させてできる回転体について考える（グループ）、②回転体の見取り図を共有する（全体）、③回転体の長さの関係について考える（グループ）、④長さの関係について考えを共有する（全体）、⑤回転体の体積の求め方を考える（グループ）、⑥求め方を共有する（全体）

○この授業を紹介する理由

平行四辺形を回転させてできる空間のイメージをもつのに、子どもたちは苦労していた。けっして易しくない学習課題を前に、はじめからあきらめず、そして最後まで投げ出すことなく頑張れたのは、「協同学習」に子どもたちが習熟していたからだと思う。

「後藤君、今日のめあてを読んでみて。」

『回転体の体積を求めよう。』

「前回、回転体をやったのを覚えていますか？　吉岡君、長方形を回転させるとどんな立体になる？」

『円柱。』

「じゃあ、松本さん、直角三角形だと？」

『円錐。』

「こういう図（立体の見取り図）のことを何ていう？　松島君、覚えてる？」

『立体っぽく見える、えっと……見取り図。』

「藤島君、今日は何を求める？」

『体積。』

「では、円柱の体積どうやって求める？　大山君、教えて？」

『底面積×高さ。』

「岡田君、確認をお願いします。」

『底面積×高さ。』

円柱の体積は〈底面積×高さ〉、印字したカードを黒板に貼る。このあと、円錐の公式も確認した。

POINT①　トーンを落とした意図的指名によって、静かに授業をスタート

長方形、直角三角形、そして平行四辺形を回転させる。

させよう。

「では、これ（公式）を使いながら、今日は、こんな図形（平行四辺形）を回転させます。定信君、これ何て書いてある？」

『平行四辺形。』

「回転させる軸は、ここ（平行四辺形の対角線）。ここ（平行四辺形の一辺）は、何cmって書いてある？」

『4cm。』

授業に入りにくい野中さんを指名した。周りの子どもが、見る場所を教えてくれた。

「それでは、きょうのめあて、体積を求めましょう。はい、グループになってお願いします。」

すぐに班の形になる。はじめは見取り図を描く。個人作業ではあるが、一人ではさせず共同化する。

POINT② 授業の序盤、「まずは、ひとりで考えてみましょう」と、個人作業を子どもに求めることがあるが、何人かの子どもはすでにこの時点で途方に暮れている。そうならないように、はじめから班をつくり、個人作業を共同化するといい。机がくっついていれば、子ども同士で助け合える。

町田さんは、はじめ、向かいの席の東君が説明してくれるのを聞いていた。しかし、途中からわからなくなってしまった。東君は、どうにかわかってもらおうと、あの手この手で説明を試みた。

『これを回したときにできる形を考える。』

『どう回すの？』

『ふつうに回すんよ、ぐるぐると。』

『わからん。』

教わる方も、教えるほうも困っていた。こうなると、子ども同士での問題解決は難しくなる。

そこに先生が来てくれた。平行四辺形の対角線に軸を取り付けて回転できるようにしたグッズを、町田さんに渡す。町田さんが回してみせた。東君は、Xみたいに見えるでしょと言いながら見取り図を描き、班の仲間に見せていた。

POINT③　活動が停滞しがちな班には、早めにようすを見にいってほしい。よく話せる関係ができていても、自分たちだけでは仲間を助けられないことがある。

勉強が苦手な子どもは、説明を聞いてもわからないことが多い。話し手も、相手がわかろうとして聞いてくれないとつらくなる。

班によっては、グッズを使っても見取り図が描けず、困っていた。1班の丸山さんは、グッズを回転させているうちに、円錐が二個あることに気づいた。円柱を描いていた同じ班の子どもは、丸山さんのワークシートを見て、見取り図を書き直していた。

再び、先生が町田さんのようすを見にきた。男子二人は見取り図が描けていたが、町田さんが描いていたのはアニメのキャラクターだった。そこでもう一度、今度は先生がグッズを回転させた。町田さんは、それを見て、途中まで見取り図を描いた。石川君は、グッズを指さしながら班の仲間に解説していた。

『ここが回ると、こっちまで来て。』

町田さんは、その説明をよく聞いていた。自分に向けて説明されるよりは、仲間に説明するのを聞くほうがわかるようだった。

POINT④　他の人に説明しているのを間接的に聞く方が、安心して聞けることがある。

ぼちぼち班活動を切り上げる時間になった。まだ班活動はつづいているが、森川さんが、黒板に見取り図を描いてくれた。

教材をいっしょに見る。

「森川さんが、見取り図を書いてくれました。」
『えっと、ここのが、ここと重なって、この形になりました。』
「何センチかを、図に入れて、説明してくれる？」
『これで、高さは12センチになって。底面が４センチで。』

すこし心配な６班の子どもに訊いてみた。

「大西君、どう？　４センチって、こっちの図（見取り図）ではどこにあたる？」

教材とつなぐ。見るべき場所が特定され、共有されていないと、話がかみ合わなくなる。

「もう一度。この４センチって？」
『底面の半径？』

隣の子どもが、手伝ってくれた。

POINT⑤　班活動をいっせいに終え、そのあと順に発表する授業の進め方を見直そう。別の方法がある。班活動を継続させながら、解決の目処がたった班の子どもに前で説明してもらうのだ。出てきてもらうのは一人か二人。残りのメンバーは、席でフォローする。班活動のつづきを黒板の前ですると思えばいい。まだできていない班の子どもは、これを参考に解決の糸口がつかめる。鉛筆を

見取り図を描く。

置かせてほかの班の発表を聞かせるより、このほうが子どもは自分から学びを取りに行ける。共有場面への移行もスムーズになる。

3班の川本さんは、このやりとりを聞いているうちに、イメージができたようだった。ワークシートに描いていた円柱を消して、見取り図を描き直していた。

ここで、いったん、班活動を終えることにした。画面上で、平行四辺形を回転させる。

「実際に見取り図と同じになりました。」

全員が手元の見取り図を完成させ、学びのトランポリン（一六頁参照）に乗った。

POINT⑥ 授業には「区切り」が必要だ。子どもも先生も、頭を切り替えられる。

「さて、今日のめあては?」

『回転体の体積を求める。』

「では次、体積を求めましょう。」

めあてを確認し、班活動を再開させる。

テレビの画面上で、平行四辺形を回転させた。

１班の子どもたちは、丸山さんの説明を聞いていた。
『ここの面積を求めるのだから、これがぐるって回って、円周？』
『円周が８π？』
『この……面積×円周で、回って12かけて96πってわかったから。』
聞いていた周りの子どもは、ぽかんとしていた。
『面積と円周をかけるの？』
それを言われて、丸山さんは困っていた。
『それって、合ってないってこと？　合ってないって顔してる。』
それまで黙っていた武本君が、元の見取り図を見て、ぼそっとつぶやいた。
『台形だったら、上底＋下底、台形体？』
話がかみ合わない。

９班では、おのおのが作業をしながら呟いていた。
『これがこうしたら、長方形になるから、円柱になって。』
『どういうこと？』
『こっちが……やっぱり違うか。』
『これだったら、円柱じゃないよ。』
ようすを見に来た先生が、準備していた透明シートを差し出す。

「二つの円錐で考えたら、どうなるんかな？」

『重なったところが……』

ヒントになると思って提供した透明シートだったが、子どもたちは扱いに困っていた。

『（透明シートを手にしながら）うーん……三角形って？』

POINT⑦　手がかりになると思って用意した追加の教材も、子どもはすぐに活用できない。

8班では、景山君が書いたワークシートを、大下さんが写していた。写しながら、おかしいことに気づいた大下さんは、「はい」と手を挙げた。

『円錐って考えてるのに、なんで「÷2」になるんですか？』

円錐を切ってできた小さい円錐の体積が、もとの二分の一になるのがおかしいと思ったのだ。こういう質問ができるのは、よく理解している証拠だ。

景山君が答えようとする。

『これが面積で……これは三角で、÷2でしょ。だから、こうなっている形は、同じ底面積のちゃんとした円柱の二分の一の体積って考えられるから、ここを足して円柱にして、ぐっととって÷2にした。』

先生が来てくれたが、黙って話を聞いていた。すると大下さんが、もう一度

透明シートを重ね合わせる。

ワークシートの間違いを指摘する。指摘をするだけでなく、相手の説明をよく聞いてくれる。

「はい」と手を挙げた。

『これっ、立体として考えているんだから、長方形にはならないでしょ。』

『長方形っていうか、ぐるって回す前の、あそこで継ぎ足して、いっしょにぐるって回して……』

だんだん自信がなくなってくる景山君だった。それでも大下さんは、最後まで話を聞いてくれた。


９班の子どもたちは、その後、活発に話していた。長船さんが、金森君に向けて説明する。

『こうなったら円錐でしょ。わかる？　意味わかる？　意味がわかった？』

聞いている金森君がわかってくれないと、気がすまない。しかし、金森君は、聞いてわかる気がしないのか、うっすら笑みを浮かべているだけである。ただみかけるように、長船さんが続ける。

『で、ここが円周、ここは直径、４センチでしょ。』

一つひとつ場所を確認しながら、説明をしてくれる。

『そう。』

『直径が４で、半径が何？　２、２でしょ。だから半径×半径×……何？』

『π』

『でしょ。で、それに高さ。』

いちいち金森君に言わせて、確認する。

話がつづく。次は、式の説明だ。

『それで、高さが20。その円錐が2個あって……聞いてる？』

上の空になりそうな金森君は、班の男の子からも、「聞いたらわかるよ」と励ましてもらう。

『で、円錐を求めるのに……底面は4πでしょ、高さをかけたら？』

ここで、はじめはどう使ったらいいかわからなかった透明シートを重ねてみた。長船さんも、説明しているうちに、見えてきたことがあったようだ。

POINT⑧　答えが出せている子どもも、人に説明することで、新たな気づきがある。

どの班も活動がつづいていたが、指名された子どもが前に出て、黒板に解答を書き始めた。それを見て、自分たちの答えが合っているかどうかを確かめ合う班があった。川本さんの班だった。

『これでどう？　これでいい？』

向かいの席の木村さんが、心配そうに尋ねる川本さんのワークシートをのぞいてくれた。

『ここは、2。』

『そうか。なるほど、そうだね。』

川本さんは、納得して、式を書き直していた。

POINT⑨　ほかの班からアイディアをもらえたとき、班活動がつづいていると、班のなかでその内容を共有できる。また、答えに自信のない子どもは、このタイミングでワークシートを完成させられる。

班活動を切り上げて、共有の時間に移る。1班の大浜さんに説明してもらうことにした。

『まず、この図形を半分にして、台形が二つあると考えました。体積は、円錐の体積で考えます。先っぽの半分も円錐になるから、円錐と円錐が重なってるから、上の円錐を引いたらいい。大きい方の円錐を求めて、底面積が16πになって、それで、円錐の求め方が「÷3」。で、小さい方は、半分だから……

（中略）……56かける2、112になりました。』

「はい、ありがとうございます。小林さんどう?」

小林さんは、聞いてはいたが、腑に落ちていないようだった。

ここで、円錐の模型を取り出した。真ん中で切ってある。加藤君が、前に出

ほかの班の説明を聞いて、再度、班で話が始まる。

てきて説明を始めた。

『最初の形がこうで、ほんとうだったら、これ（上の半分）が、大きな円錐が重なっている状態だから、でっかい円錐を求めて……』

「それはどこ？　式で言ったらどういうこと？」

逐一、式と模型とを対応させ、全員で確認する。

「この式が、大山君、何行目の式？」

何度でも、場所を確認する。

「では、×2ってどこのこと？」

『同じ立体になってて、それで2倍。』

「では、班で、いまのつづきを考えてみてください。」

POINT⑩　授業の終盤。先生が説明したくなるところだが、我慢しよう。短時間でも班活動の時間を設け、子どもたちに語らせたい。

にわかに動きが活発になった。長船さんが説明していた9班では、「そういうことか」「最後まで聞こう」などと言い合いながら作業を進めていた。このあとはおのずと、班活動から共有場面へと移った。6班の服部君が前に出てきて、模型を操作しながら説明を始めると、みんなが聞き始めた。

『まず、この形は、円錐が二つ重なっていて、まず二つの円錐を求めました。』

「二つの円錐、式はどうなるかな？」

『二つの円錐が重なっている部分を求めて。』

「重なっている体積って？」

この部分を、黒板の見取り図で示してもらった。それを見て、小林さんはワークシートを直していた。

上半分を切り落とした模型が、重ねられた。

『小さい方の体積を求めて、二つの円錐から引きました。』

このあと、９班の金森君につないだ。たどたどしかったが、説明できた。

『こことここを求めて、全体から引くといい。』

川本さんの班では、「なるほど」と、互いに顔を見合わせていた。

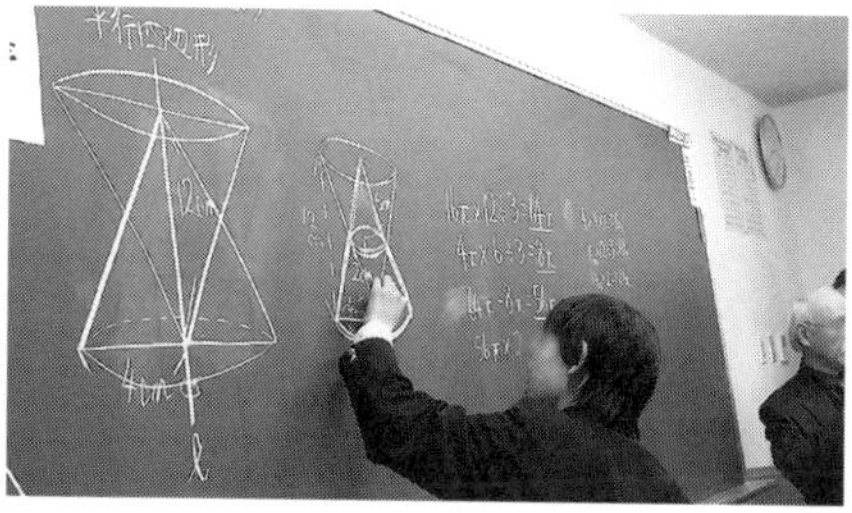

円錐の模型を使って説明する。

3　中学校一年　国語（詩の世界）

○授業デザイン

学習課題

「たとえをたどる」

おおまかな流れ

①〈外科医〉の範読を聞く（全体）、②〈外科医〉を音読する（ペア→全体）、③〈外科医〉を読んでどう感じたかを共有する（ペア→全体）、④課題1（マスト課題）をする（グループ）：何を何にたとえているのか、⑤課題1を共有する（全体）、⑥課題2（マスト課題）をする（グループ）：なぜ、僕（患者）をペンギンにたとえたのか、⑦課題2を共有する（全体）、⑧〈祖母〉の範読を聞く（全体）、⑨〈祖母〉を音読する（ペア→全体）、⑩課題3（マスト課題）をする（グループ）：月光は何のたとえか、⑪課題3を共有する（全体）、⑫課題4（ジャンプ課題）をする（グループ）：私はこの詩をどう読んだのかを書いて伝える、⑬課題4を共有する（全体）

○この授業を紹介する理由

中一の六月、ようやく中学校生活に慣れてきた時期だった。小学校のときに、荒れた履歴をもつ子どもたちである。学びから離れてしまいがちなこの子たちではあるが、先生は学びの質を落としたくなかった。「協同学習」ならではの実践が、子どもたちに届き始めていた。

この日のめあては、〈たとえをたどる〉だ。白衣を着た先生が現れた。
「お医者さんに見える？　今日、読んでもらうのは、〈外科医〉という詩。
ワークシートを配ります。」

外科医　竹中郁

ここは北極だ！
僕は雪の上で臥《ね》なければならぬ
扉をあけて手術衣《しゆじゆつい》をきた白熊が
仔熊《こぐま》をつれてやつてくる

ここは氷点下四五だ！
鋏《はさみ》とコツプとピンセツトと
時としては僕の声まで氷結《ひようけつ》する

かは《わ》いさう《そ》なペンギン！
鋭い刀《メス》の一閃《いつせん》に
僕の血管は極光《オーロラ》を吹きあげる

かは《わ》いさ《そ》うなペンギン！
僕は臥てゐ《い》る間に
すつかり繃帯《ほうたい》の雪にうづ《ず》まつてしまつた

つめたい墓石《はかいし》！

ここは北極だ！


村岡君を呼び、先生が着ていた白衣を着せる。

『いいね、この服。』

「村岡君、めあてを読んでくれる？」

『たとえをたどる。』

「今日は、たとえが使われている詩があるので、何が何にたとえられているのかをたどりながら、詩を読んでもらおうと思います。では、読みます。」

子どもたちは、詩が印字されたワークシートに目を落とす。

『おれ、読もうか？』

村岡君は、黒板に貼られた詩の前に立った。

「はい、村岡君よろしくお願いします。みんなは、どんな情景かを想像しながら聞いてください。」

『どこを読む？　ここ？　これ？（詩の冒頭を指さしながら）』

授業に入りにくい子どもに声をかけ、
黒板の前に来てもらった。

読み始めるが、たどたどしい。読めない漢字もあった。

POINT① 学びから離れやすい子どもには、授業のはじめに、できることをつくってあげたい。そのあとも、ところどころ、授業に参加するための〈入口〉を用意しておこう。

「では、この詩を読んでどんな気持ちになったか、お隣とすこし意見交換をしてください。」

ペアで話す。近くのペアと言葉を交わす子どももいた。ほどなく、全体で共有する。

「では、教えてください、沢村さん、どんな気持ちになりましたか？」

話す準備がいるようだったので、すこし待った。

「いいかな。よし、聞いてみよう。」

『えっと……なんか……手術していて……死んだ？』

いっしょに話していた村上さんが、助けに入る。

『手術のこと？』

向かいの席の片岡さんにも聞いてみた。

「片岡さん、沢村さんがどんなことを言いたかったのか言える？」

『えーっ？　手術?……えっと、わからん。』

ペアで話す。近くで話す機会を、こまめにつくろう。

「なんとなく、手術って言葉を浮かべた人？」

挙手を促すと、数人の子どもだけが手を挙げた。難しかった。

「では、これだけ聞かせてください。ユーモアがある詩だなって思ったか、コワッと思ったか。」

もう一度、近くで話させたあと、何人かに聞いてみる。

「旭さんはどっち？　ユーモアがある詩かなって思った？　それともコワッと思った？」

『コワッ。』

「ちなみに、どんな言葉からコワッと思った？」

『いちばんここで怖いなと思ったのは、墓石のところで……墓石、だから死んだ？』

工藤さんが、うなずいている。

「山内君は、どっちですか、ユーモアがあるな、それともコワッ？」

『こわい。』

「どんなとこから、こわいの？」

『墓石、手術衣？　手術ってのが出てきたから、そこでなんか……』

「桜井さんは？」

『極光《オーロラ》みたいな、のところがこわかった。』

POINT② リボイスを避け、子どもの話をよく聞こう。そして、意図的な指名によって、子どもの考えをつないでいく。そうすると、子ども同士が話をよく聞くようになる。

「映像が浮かんだ人はいますか。では、ワークシートの課題1をやっていきます。これがたとえですというのを、挙げています。何にたとえているのか、何をたとえているものなのかをイコールの下の方に書いてください。グループでどうぞ、五分ぐらいでどうですか。」


心配な班から、のぞきにいく。5班のようすを見てみた。

「手術室をまず、頭に浮かべてごらん。そのあと、白熊が何、雪が何と、映像で浮かべてごらん。……そこから、白熊が何か考えてごらん。……川端さんどう、白熊は?」

『ドクター。』

「ついでに、仔熊って?」

『あかちゃん?』

班の仲間が、黙った。

「じゃあ、一連をもう一回読んでみるよ。」

先生は、班の子たちに読んで聞かせた。そして、しばらく考えさせた。

「手術をする先生が連れて入っている仔熊は？　三浦さん？」

『患者さん？』

「どう？」

班の子どもたちは、再び、詩の言葉を追っていた。

POINT③　班のようすを見にいったときは、子どもの話をよく聞こう。そして、子どもの考えをほかの子どもにつなぎ、必要に応じて教材に戻す。教材をいっしょに見たり、読んだりしてもいい。「聞く―つなぐ―戻す」技法は、班活動に先生が関与するときにも取り入れてほしい。

ほかの班の子どもも、教材に戻したほうがよさそうだった。再び、詩の内容を全体で共有することにした。村岡君が立ち歩いていたので、声をかけ、席に戻した。

「先生が、もう一回読んでみるね。」

全文を読み終わったところで、何人かの子どもがつぶやいた。

『コワッ。』

「こわい感じがわかった？」

『殺すってことなの？』

「じゃあ、その辺のところも含めて……」

〈北極〉と板書する。

「北極って、何のことだと思った？」

しばらく沈黙する。

「波間さん、どう思った？」

『手術室。』

「舞台がはっきりしてくると、比喩が通りやすくなるかもしれない。では、二行目、〈僕は雪の上で臥なければならぬ〉。雪って？」

『ベッド。』

「ちなみに、なんでベッドを雪にたとえる？　そんなことも考えながら読むよ。次にいこう。白熊。」

『お医者さん？……手術をする先生？』


班活動では伏せていた久保田君が、この共有場面でようやくワークシートを書き始めた。周りの子どもと先生とのやりとりを聞きながら、板書を写していた。

POINT④　協同学習では、子どもの話を聞くことを重視するので、板書は最小限に留めている。しかし、共有場面でようやく学びに入ってくる子どもには、ワークシートに書き込むための手がかりが必要だ。とくにマスト課題の段階では、ワークシートが埋められるようシンプルな板書をしてあげるといい。


「仔態は？」

『手術をされる。』

周りからは、助手ではないかと、つぶやきが聞こえてくる。

「ここは、このあとのペンギンが何のたとえかを考えると、いけるかもしれない。」

先生からの指示はないのだが、ペンギンが何のたとえなのか、子どもたちは近くで話していた。先生は、その声を受け取りながら、〈患者〉と板書する。

「ペンギンは、患者さん？」

『患者。』

「詩の中の言葉で言ったら？」

『……僕？』

子どもたちが、詩に戻る。時間はかかったが、子どもの学びを優先させたかった。

POINT⑤ 共有場面では、子どもの話が宙を舞うことがある。そんなときは、こまめに教材に戻そう。

何のたとえなのかを、全体で共有する。

「最後です。〈極光《オーロラ》を吹きあげる〉のところ。この部分がこわいって言ってくれた人がいましたが、極光《オーロラ》とは、何をたとえていますか？」

『血。』

「血。血だけじゃ、ちょっと足らない。」

『血しぶき。』

「ここ、もう一回読んでみるよ。〈僕の血管は極光《オーロラ》を吹きあげる〉。どんな感じ？」

再び、教材に戻した。詩の言葉を、体の感触に置き換えさせたかった。


次の課題に移る。

「では、課題2〈なぜペンギンにたとえた？〉。牧山さん、ペンギンが患者だな、というところまでは、すぐにたどり着けた？」

『わからなかった。』

「なるほど。アザラシでなくてペンギンにたとえたよね。なんでだろって考えて、もう一回読むよ。」

もう一度、先生が詩を読む。

「なんでペンギンでないといけない？　班で話してみて、どうぞ。」

POINT⑥　落ち着かないクラスでは、完結した複数の学習課題を用意し、授業にいくつかの「区切り」を設けたほうがいい場合がある。もちろん最後には、ジャンプ課題をもってくる。

7班が心配だった。先生は、ようすを見にいった。

「坂東さん、この詩の情景が説明できますか。堀口さんも、耳だけ傾けてくれる?」

堀口さんは、仲間のほうに机を寄せられずにいた。先生は、机はそのままでいいので、仲間の話を聞いていてほしいと告げた。

『白熊が外科医で……』

坂東さんは、情景をていねいに語り直した。

「世界ができたね。」

班の子どもの話をたっぷり聞いて、その場を離れる。離れ際、先生は堀口さんに声をかけた。

「わかった?」

彼女は、小さくうなずいた。

POINT⑦　学びに入って来にくい子どもには、いまできていることをデフォ

班活動。詩の情景を、自分の言葉で語る。しかし、堀口さんは、机を寄せられずにいた。

班の子どもの話を聞いたあと、先生は堀口さんとすこしだけ言葉を交わした。

ルト（初期値）としてかかわってあげよう。できないことを求めてはいけない。頑張ろうにも、人はできることしか頑張れないからだ。いまできていることを承認してあげないかぎり、子どもは心を開いてくれない。

再び、全体で共有する。

「では、ちょっと教えてください、自分で答えが見つかった人がいますか？　なんでペンギン？」

『飛べないから……飛べない鳥だから、だからなんていうか……周りに助けを求める。』

「沢村さん、阿部さんが言ったのを聞いて、なんて思った？」

『……飛べない鳥がベッドに横たえられている……逃げることもできず……』

しばらく沈黙したあと、やっと聞きとれるほどの小さな声でつぶやいた。

この日、堀口さんは、こんなやりとりをよく聞いていた。

「さて、実は、今日のメインイベントは、これではないんですよ。もう一個ありますから。ワークシート、裏側をぺろっとめくってごらん。先生が一連目を読むから、村岡君、二連目を読んで。」

三好達治の〈祖母〉である。村岡君は、授業が始まったときと同様、前に出てきて読んでくれた。

この日は、共有場面の話を熱心に聞いている子どもが多かった。堀口さんも、その一人だ。班活動に加われなくても、共有場面で学び直せる子どもがいる。

祖母　三好達治

祖母は蛍をかきあつめて
桃の実のやうに合せた掌《て》の中から
沢山《たくさん》な蛍をくれるのだ

祖母は月光をかきあつめて
桃の実のやうに合せた掌《て》の中から
沢山《たくさん》な月光をくれるのだ

「もう一回いこうか。」

村岡君が、もう一回、読んでくれた。

「今度は、先生に合わせて読みましょう。」

全員で読む。これで、三回目になる。

「風景が浮かんできましたか？」

『浮かんできました。』

このあとすこし、詩を読んで感じたことや浮かんできた風景について、班で話す時間をつくった。

「では、机を戻してください。」

机をコの字にする。このとき、男子三人が立ち歩いていた。声かけはせず、流れに戻るのを待った。

POINT⑧　授業から逸脱する子どもへの基本的な対応は、〈元の流れに戻すこと〉である。そのためには、戻る先である〈流れ〉が子どものものになっていないといけない。それは、協同学習の学びの習慣を子どもに養うということだ。たんに授業のスケジュールを示すこととは違う。

「この詩は、情景をわりと浮かべやすいと思うので、浮かんできた情景を手で表してくれますか？」

再び一連を読んでから、〈桃の実のやうに合せた掌〉を、何人かに表現してもらった。

『貯めているものを、この手の中に入れて、ぱっと開く。』

小泉さんは、両方の掌を広げてみせた。小学校のときも同じようにしていたのだろう。上手だった。

POINT⑨　ざわついている教室では、しばしば男の子たちが幼い。しかし

詩の中の言葉を動作で示す。さらに、その動作がどのようなものであるかを、自分の言葉にできたらいい。これも、語り直しだ。

心配なのは、むしろ女の子だ。彼女たちの心の動きが気になる。どことなく、みな楽しくなさそうだ。目立ちたくないので、授業にはつきあっているけれど、よく見ると学びから離脱している子どもが何人もいる。あわてなくていいので、女の子たち一人ひとりを、良質な教材につなげてあげよう。いっしょうけんめいに取り組んでくれるはずだ。本物の学びには、心の動きを整え、人を元気にする力がある。

「おばあちゃんが蛍をいっぱい集めて、〈桃の実のやうに合せた掌の中から〉たくさんの蛍をくれる……誰にでしょう？　お隣の人と確認してください。誰にかな？」

子どもたちは戸惑っていたが、何人かの子どもが孫であることに気づいた。

二連に進む。課題3〈月光は何のたとえ？〉を板書する。

「今度は、蛍が月光に変わった。課題3です。何のたとえだと思う？　班で話してみて。」

すぐには話が始まらなかった。班の子どもたちは、自分のワークシートを書くのに集中していた。八木さんは、「優しさとか、愛」と書いていた。ここは、早めに全体で交流したほうがよさそうだった。

「はい、じゃあ、ちょっといいかな。八木さんに聞いてみたいと思う。ちょっと教えてくれる？」

『祖母から、優しさや愛を受け取っている。』

「久保さんは聞こえた？　もう一回言ってくれる？」

『優しさとか愛を。』

「山下さん、どう？　それを聞いて、うんと頷ける？」

『なんとなくわかる。』

「〈沢山な月光をくれる〉、この月光は優しさとか愛だよって。」

何度でも、詩の言葉に戻りながら、子どもにイメージを持たせていく。

POINT⑩　授業の終盤も、けっして先生がまとめてしまわない。複数の声を聞かせながら、一人ひとりの子どもを、自分の学びに還す。

「一個、訊いていい？　その優しさや愛は、月光じゃなきゃいけないの？　太陽の光でもいいよね。青山君、言いたくなった？　近所の人と、すこし話してみてください。」

子どもたちは、思い思いに語っていた。すぐに全体で共有する。

「なぜ月光じゃなければいけないか、小泉さんの考えはどうですか？」

『月ってのは、太陽の光みたいにぎらぎらしていなくって、静かな感じだから、だから陰から支えているみたいな、優しさとか愛とかを、あげてるみたいな感じに思いました。』

「甲斐さんは、いまの話、聞いてどんな感じだと思った？」

『そう思った。』

「そう思った、を繰り返し教えてくれる？」

『静けさとか、優しさとかを感じるところで、強い光でなくて、陰から支えている感じで。』

「西村君、いまの小泉さんや甲斐さんの話を聞いてどう思った？」

『これは、太陽より、思いやりとか、太陽のような光の感じではないよなあ。静かに、陰みたいな。』


ここで時間がきた。子どもたちは五〇分よくがんばった。

「外科医」は『竹中郁全詩集』（角川書店、一九八三年）所収。「祖母」は『三好達治全集』（筑摩書房、一九六四年）所収。なお、転載にあたって、漢字を旧字体から新字体に改める、漢字に振り仮名をつける、旧仮名遣いの箇所に新仮名遣いを補うという一部改変を行った。

仲間の語りを聞きながら、子どもたちは、おのおののワークシートを仕上げていた。

4　中学校一年　理科（粒子モデル）

○授業デザイン

学習課題

「水にとけた砂糖は、どのようになっていくのかを説明しよう。」

おおまかな流れ

①飲料水に砂糖が溶けていることを確認する（全体）、②砂糖が水に溶けるようすを観察し、記述する（グループ）、③溶けるようすを粒子モデルで説明する（グループ）、④粒子モデルによる説明を共有する（全体）

○この授業を紹介する理由

理科の授業として、そして協同学習の授業として、基本に忠実に計画され実践されていた。サイエンスは、方法を重視する。前半では、決まった手続きに沿って実験し、観察した事実を記述する。後半では、記述された事実を粒子モデルで説明する。協同学習の基本技術も、随所で効果的に使われていた。一人ひとりの学びを支えるケアも、ていねいかつ適切だった。

「1本ジュースを買ってみました。裏面を見たことある？　本多さん、何て書いてある？」

『甘み成分。』

「ここにいっぱい書いてあるんだけど、知ってる？　重森くん、入ってるもの。」

『原材料。』

POINT① 指名して答えてもらうことで、授業を静かにスタートさせられる。ふだんは発言しない子どもも、導入段階の質問には答えやすい。

「原材料ってどんな順番で書いてあるか知ってる？　注目は一番目。もっとも多いのが砂糖です。ここにスティックシュガーがあるけど、温かい飲み物に入れるよね。西村さんは、どれくらい入れますか？」

『えっと、半分かな。』

「1本で、3グラムです。ジュース500mlだったら、どれくらいの砂糖が入っていると思いますか。どうかな。隣同士で話してみてください。」

すこしたって、何人かを指名する。13本、100本などと、子どもが応答する。

子ども同士が近くで話す時間を、こまめにつくる。

「答えは、33グラム。なんとポカリ１本の中に、11本です。」

POINT② 授業の序盤から、子どもたちには声を出させておくといい。喉を温めておくと、そのあとも話しやすくなる。先生と子どもの一問一答も避けられる。

めあてを、ホワイトボードに書く。

「今日のめあてです。福本さん読んでくれる？」

『水に溶けた砂糖は、どのようになっていくのかを説明しよう。』

「やっていきましょう、ワークシートを配ります。」

実験の手順を大型画面に映し、短く説明する。

「はじめに、必要なものを準備します。かごには、班の番号がふってあります。なかを見ると、ビーカーに水が入っています。ほかに角砂糖が一つ、ピンセットとこぼれたときに机をふく布。角砂糖を１個、ピンセットでつまんで、つまんだままビーカーの水の中に入れてください。このときどうなるでしょう。最後、結果をワークシートに記入する。３ステップです。大丈夫ですか？　隣と確認してください。」

ここまでがマスト課題だ。説明は、短く切り上げた。

「牛田君、どう？」

『えっと、まず必要なものを準備して、溶かして、結果を書く。』

「という順番でやってみましょう。それでは、班の形にして始めましょう。」

POINT③　反応が鈍く、することがわかっていない可能性があるときは、近くで確認させ、そのあと何人かの子どもに言わせてみよう。

子どもたちは、さっそく実験に着手した。

『泡が出てる……ちょっとずつ溶けていってる、溶けてから泡が上にあがってる。』

3班の子どものワークシートには、〈砂糖がすこしずつ、くずれていった〉と書かれていた。ほかの班でも実験はてきぱきと進み、子どもたちは、観察したことがらをおのおのの言葉で表現していた。


「それでは、いま実験したものをすべてかごの中にしまって、机を元のコの字に戻してください。」

杉本さんに聞いてみた。

『入れたら、すぐに落ちて、下に溜まっていった。』

「原さんどうだった？」

『まるくなった……形が崩れていった。』

「松下さん、どんなふうに書いた？」

『だんだん小さい粒にわかれていって、上にあがっていった。』

ＰＯＩＮＴ④　学んだことを教室全体で共有するときは、子どもの言葉を聞き、考えをつなぐための立ち位置を工夫しよう。机がコの字（または班机のまま）になっていると、教室の側面や後方に立ちやすい。

「その、あがっていったものって、神戸君、何だろう？」

神戸君だけでなく、周りの子ども沈黙してしまった。

「ちょっと隣同士で話し合ってみよう、何なんだろう。溶けて、何かあがっていくのは見えたよね？」

ＰＯＩＮＴ⑤　こまめに隣と話す時間をつくることが、子どもを授業に留めておくためには必要だ。

問われていることがはっきりしていたので、話は弾んだ。

『なんか、にょにょにょって、あがっていった。』

すぐに元に戻し、共有を再開する。

「神戸君、改めてどう？」

学んだことを、全体で共有する。先生は、黒板から離れ、教室の側面か後方に立つ。

『水より、密度の小さい、気体？　があがっていった。』

「本多さん聞こえてた？　神戸君、もう一回だけ、みんなに教えてあげて。」

『水よりも、密度の小さい、気体があがっていった。』

神戸君は、自分の言葉に首を傾げ、何か違うといった表情をしていた。

「（本多さんに向けて）同じ？　ちょっと、自分の言葉で教えて。」

『形が崩れて、まだ水に溶けてないものは下におりて、小さくなったものは、上にあがっていった。』

神戸君は、本多さんの答えをじっと聞いていた。


「いろんな意見が出たね、今日のめあてにもう一回戻ってみようか。松下さん、読んでくれる？」

『水に溶けた砂糖はどのようになっていくのかを説明しよう。』

POINT⑥　授業には、区切りが必要だ。マスト課題に決着をつけてから（砂糖が水に溶けていく観察事実を全員で共有して）、ジャンプ課題に進む（観察事実をモデルで示す）。

ホワイトボード上で、説明の手がかりを与える。物を形づくる要素としての〈小さな粒〉のことを〈粒子〉と呼ぶことを確認したうえで、水に溶けた砂糖がどのようになっていくのかを〈粒子モデルで表そう〉という学習課題を示した。理科の言葉を使って「説明」するのが、ジャンプ課題である。

ワークシートには、〈砂糖を入れた直後〉の状態が粒子モデルで示され、「三日後」⇒「一五日後」の状態が描き込めるようになっていた。おのおのが、ひとまずワークシートに描いてみたが、正確に描くのは難しかった。ほどなく、先生がタブレットを取り出した。

「中央にこの状態で置いて、粒子モデルで、動かしながら、班の人に説明してみましょう。はい、では班の形にして始めてください。」

心配な班には、すぐにようすを見にいく。

「この一つの粒子、粒子って何だっけ?」

『これ以上小さくできない。』

「これを動かして、説明してみてください。三日後、それから一五日後は?」

子どもが、画面上の粒子を動かすのを見る。泉さんどう思う?　長浜さんどう思う?　と投げかけ、ふんふんふんと頷きながら子どもたちの話を聞き、つなぐ。先生が班を去ったあとも、自分たちでタブレットに触れ、話していた。

POINT⑦　班活動をさせるときは、子どもの話を聞きにいこう。子どもの

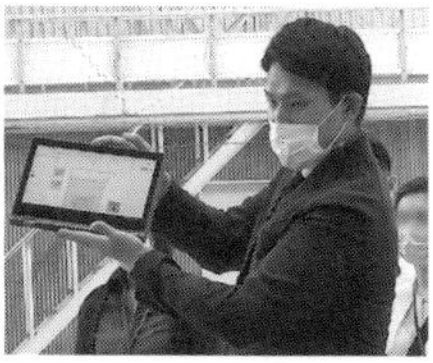

タブレットを取り出す。

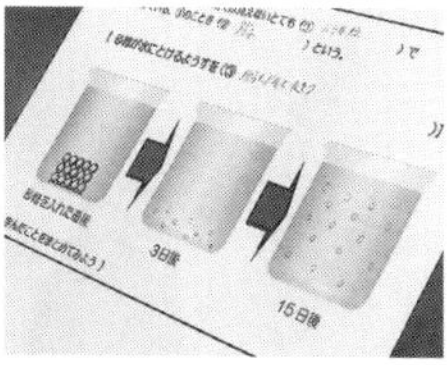

ワークシートに、砂糖がとけるようすを描き込む。粒子モデルを使って説明させたいのだが、正確に図を描くのはとても難しい。

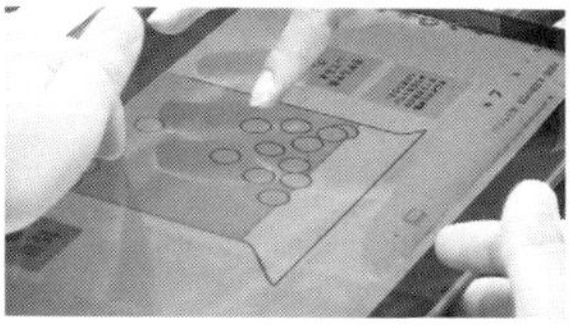

着手の遅い班には、すぐ行ってあげる。拙速に手がかりを与えず、まずは子どもの話を聞く。※写真は、イラスト中のタブレット画面。

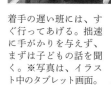

話を〈聞く〉、考えを〈つなぐ〉、そして教材や題材に〈戻す〉技術は、班活動をサポートするときにも必要だ。

どの子もタブレットに触れたところで、いったん授業を全体に戻すことにした。

「粒子モデルI、というところから、提出してください。（オンラインによる提出）」

大型画面には、班で考えた粒子モデルのいくつかが映し出された。

「何か、気づいた？　教えてよ、どうしてこうなったの？　増田君どういう状態？」

『（一五日後の画面を見せながら）たくさんあったのがみんな溶けて、二つだけになった。』

「大村さん、聞こえた？　何て言ってた。」

『たくさんあったのが溶けて、二つになった。』

「大村さん、どう思う？」

『いいと思う。』

別の班にも聞いてみた。

「福嶋君、そこの班でいっしょに考えてたけど、どう思う、今の？」

溶けて二つになった？　子どもは、しばしば、教師の意図を受け取れていない。〈粒子モデルによる説明〉は、思いのほか難しかった。

『うん、いいと思う。』

「さっき、言ってたの教えて。」

なかなか言い出せない。

「（同じ班の）喜多さん教えて。」

『違う。』

「どこらへんが違う？」

『たくさんあったのが、そのままの大きさで。』

喜多さんが、自分のワークシートの図を見ながら発言するが、途中で止まってしまった。どう言ったらいいのかと隣の男の子に尋ねつつ、言い直した。

『ばらばらになっていく。』

つづきが言えた。

POINT⑧　共有場面を大切にしたい。班活動のときにもやもやしていても、仲間の話を聞いているうちにわかってくる子どもは少なくない。

溶けて二つだけになると言っていた増田君に聞いてみた。

「増田君どう思う？」

『そのままの形ではないかもしれないけど、ばらばらになってるかもしれない。』

別の班の画面が写し出される。
粒子がばらばらになっている。

増田君は、仲間の考えを聞きながら、何度も描き直していた。しかし、ばらばらになったときの粒子を小さく描き、数も減らしていた。

「どういうことを知ることができたら、ばらばらになっているとわかるのだろう、西村さんどう思う？」

難しい問いかけだった。ここで、茶色のコーヒーシュガーを入れて実験したビーカーを取り出した。

「みんなから見て右側（写真では左側）が入れた直後、真ん中が三日後、いちばん左（写真では右）が一五日後。」

POINT⑨ 協同学習の授業で心がけたいのは、探究的な学習課題を設定することである。子どもが、つねに問いを意識して学ぶ授業を企画したい。

「近くの人で、もう一回考え直してみようか。自分の考えが変わったら、下に書き加えてください。」

このあと先生は、ビーカーの水に色がついたイメージだけを描いていた勝俣君のところに行った。描かれていることの意味を尋ねると、前の席の佐々木さんがいっしょに聞いてくれた。

『粒子が下にあるけど、だんだんだんだん広まって……』

コーヒーシュガーを溶かした。モデルを考えてから実験をする。サイエンスのセンスを教えたかった。

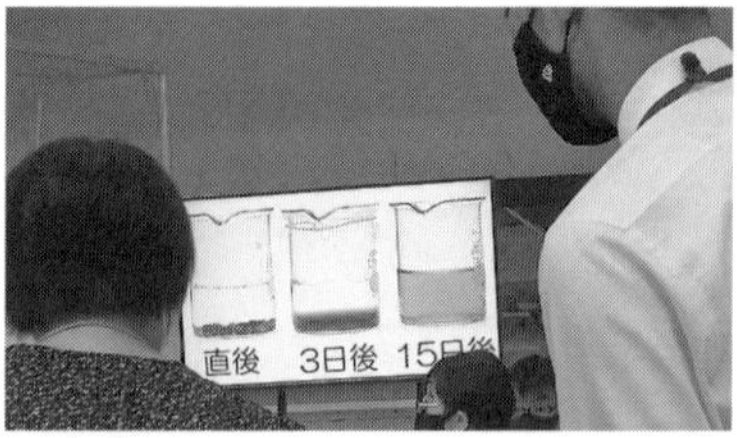

実験結果を静止画でも映し出した。コーヒーシュガーを溶かしたビーカーそのものよりも、粒子モデルとの対応がしやすい。

「なるほどな、下には何がたまってるのかな。」

『小さい粒子が下にたまっている、それで……』

ここで止まってしまったが、隣の元田さんが入ってきてくれた。

『一五日目は、勝俣君と同じだと思った。』

「ちょっと見せて。」

『どう表現したらいいかわからなかったから……』

元田さんのワークシートを見ると、勝俣君と同様、ビーカーの水を濁らせていた。


ここで、学習課題に戻す。

「いまの課題って？」

『課題？　粒子モデルで……』

「粒子って、何だっけ。」

『粒子？　これ以上小さくできない要素？』

「そうそう、これで三日後、一五日後を表してみよう。これ（粒子）が動いたから、濁ってみえる、だから、色が変わった。」

『（黒板前に映し出されたビーカーの写真を見て）そういうことか。』

「これを、粒子で表してみてください。」

『あー！　そういうこと！』

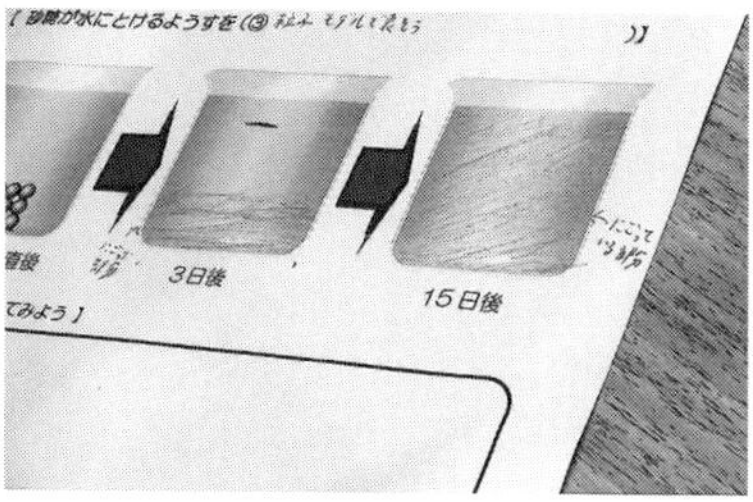

再び、近くで話させる。勝俣君は、粒子でなく水が濁ったイメージを描いていた。※写真は、イラスト中のワークシート。

このあと、各自がモデルを描き始めた。

ＰＯＩＮＴ⑩　学びが滞っているときの先生の役目は、学習課題と教材に戻すことである。

残り時間が少なくなってきた。ここで再び、共有の時間をつくる。

「岡本君、どうなったか教えてくれる？」

『全体に広がっているから……』

「片岡さん、ちょっと説明してくれる？」

『水に溶けて全体に……』

片岡さんのモデルでは、広がるにつれて、粒の大きさが小さくなっていた。

「ほかの班と比べて、粒の大きさが小さくなっているけれど、これどういうこと？」

片岡さんは、つづきがうまく言えなかった。

「古屋さん、どんなふうに考えた？」

『粒子はこれ以上小さくはできないから、大きさは変わらない。』

片岡さんは、そうだった！　と気づいた。

「国本君、まとめてみて。」

『これは、もともと粒子だから、それより小さくはならない。』

「大江君、ちょっと教えて、どんなことだった？」

ここは大切なところなので、複数の声で確認したかった。こんなやりとりを聞いていて、増田君も、自分のワークシートを直していた。

5　中学校三年　社会（消費生活を支える流通）

○授業デザイン

学習課題

①流通の仕組みについての語句を知る、②ユニクロが生産から小売まで行っている理由を説明することができる、③「流通の合理化」の意味を自分の言葉で表現することができる

おおまかな流れ

①家庭科の学習内容と社会科の学習内容との関連を確認する（全体）、②牛乳の生産から消費までの道筋について写真を使って考える（グループ）、③重要語句を確認し、ワークシートに記入する（全体）、④ユニクロが生産から小売まで行っている理由を考える（グループ）、⑤グループで考えたことを説明する（全体）、⑥「流通の合理化」の意味を自分の言葉でまとめる（全体）

○この授業を紹介する理由

中学校の社会科は教える内容が多いという理由から、協同学習が敬遠されがちだ。その心配を払拭してくれたのがこの授業である。学ばせたい社会科の基本用語を確認するとともに、「流通の合理化」について、自分たちの生活に引きつけて考えさせることに成功していた。

「鹿島君、今日、これどこで見た？」

隣の里見さんが鹿島君に声をかけ、先生の方を見るように促した。

「そう、家庭科でやったね。鹿島君、さっき家庭科の時間でやったように、写真カードをホワイトボードに貼ってくれるかな。里見さん、手伝ってあげて。」

この日の午前中、家庭科ではリサイクルの学習をした。写真カードを並べて、生産から消費、そしてリサイクルまでの過程をたどった。それを思い出して写真カードを貼るよう、鹿島君には頼んだのだった。里見さんが先に席を立ち、後から鹿島君がついてきた。カードは鹿島君に手渡したが、半分を里見さんが引き受けてくれた。先生から「わかる？」と尋ねられた鹿島君は、小さく頷いた。

POINT① 授業に入りにくい子どもには、できそうなことを授業のはじめにつくってあげよう。

「このように並べてくれました。家庭科では、商品が作られてから再利用されるまでの流れを勉強しました。社会科では、ここをとります。」

再利用にかかわるカードを外して、流通に関係する四枚を残した。

「再利用の部分をよけます。よけて、商品が作られてから消費されるまでの

写真カードの半分を里見さんが受け取り、黒板に貼るのを手伝う。

流れを勉強します。」

ここで、「流通」という文字カードを示す。

「読める？　家庭科では出てこなかった言葉ですね。四枚の写真が残りましたが、この時間は、新たに七枚、付け加えます。付け加えて、ものの、商品の流通について仕組みを考えます。同じ写真が二枚ありますが、二枚とも使います。家庭科の時間と同じように写真を配りますので、商品が作られてから消費されるまでの流れにそって写真を並べてみましょう。机の上が窮屈になるので、教科書類は机の中に。」

ホワイトボードには、牛乳の生産から消費までの過程を示した写真カード（略農家の搾乳風景、生乳を運ぶタンクローリー車、製品の検査を実施する酪農協の建物、牛乳パックが製造ラインに並ぶ製造工場、工場で製造された牛乳を問屋まで運ぶ大型トラック、問屋、問屋から販売店に牛乳を運ぶ中型トラック、商店の売り場に陳列された牛乳、牛乳を飲む人）がランダムに貼り出された。

ホワイトボードの写真カードを縮小したものが、班に一セットずつ配られた。鹿島君の班では、彼の机の上で、写真カードが並べられていた。

『いちばん最初はこっち。これがこっち、で、これだ。いやっ、待ってよ。』

カードの裏面を見て、解説を読む。

『解説、めっちゃ、長いんよ。』

写真カードの裏面には、関係する用語の解説（たとえば、「運送」：このタンクローリーで、パック詰めされる前の生乳を運ぶ。「酪農協」＝酪農業協同組合：各酪農家でしぼった生乳を集め、検査などを行ったのち、牛乳メーカーへ出荷する。「工場」：生乳を製品に加工する場所）が書いてある。

榎本さんは、隣の子の机上に置かれた写真カードを眺めていた。ときどきカードを指さして、「こっちが先じゃないの」と言っていた。自分からは課題に取り組もうとしないが、班の男の子たちが、上手にかかわってくれる。

POINT② 協同学習をつづけてきた学校では、子ども同士がケアし合う姿が教室のあちこちにある。

どの班も並べ終わったところで、机をコの字に戻す。

「前に出てやってみてください。5班、いってみようか。並べ替え、横一列にお願いします。」

ひとりで前に出てきた川辺さんだが、並べている途中で順番がわからなくなってしまった。先生は、同じ班の熊野君に助けを要請しようとしたが、川辺さんが自分でするというので待つことにした。

『あー、わかった。』

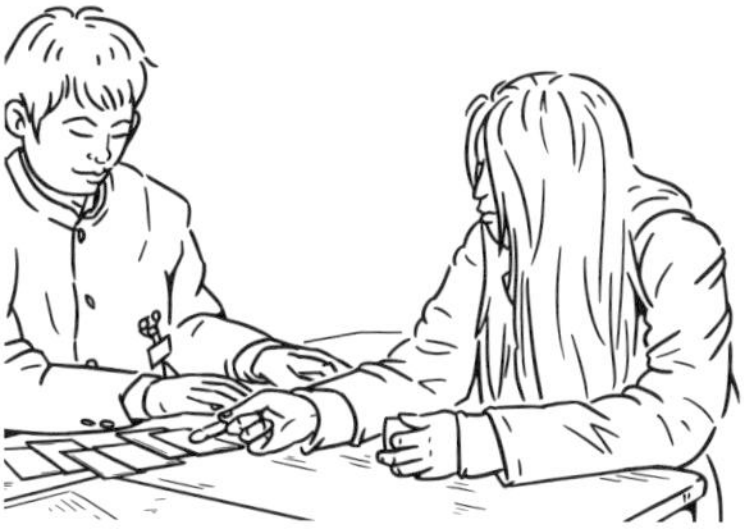

机の上に何もない子どもがいる。何もしたくないというサインだろうか？

しかし、しばらくするとまた止まってしまった。自分の机の上でカードを並べていた熊野君は、周りの子どもからも手伝いにいくよう言われ、前に出てきた。

POINT③　班の代表者が発表するというやり方を変えよう。誰が発表をしても、仲間が手伝ってくれるという関係をつくりたい。

次は、写真カードにタイトルをつける作業だ。工場、お客などと印字された語句カードを、対応する写真カードの下に貼る。語句カードを中川さんに渡すと、同じ班の松野さんも来てくれた。ホワイトボードの前で相談しながら、カードを貼っていく。

「みんな確認してよ、自分たちの班でやったのと同じかどうか。」

里見さんが、鹿島君の机の上でカードを並び替えていた。里見さんに促され、鹿島君もホワイトボードに貼られたカードをいっしょに見ていた。里見さんは、念のため写真カードの裏の説明も読み、確認していた。

POINT④　共有場面では、席で聞く子どもにも注目しよう。前を見ているだけの子どもは、学んでいないことがある。手元の教材やノートと対応させせな

里見さんは、ホワイトボードに貼られた写真カードと見比べながら、鹿島君の机の上に並べたカードの順番をチェックしていた。鹿島君は、手伝いはしないものの、いっしょにホワイトボードを見ていた。

がら聞いている子どもは、よく学べている。

「このように写真を並べました。どう？　言葉で説明できますか？　説明をしてほしいのですが、その前に、社会科では、このような〈お客〉とかではなくて、どういう言葉を使うのかを言います。」

先生は、社会科の重要語句を印字したカードを写真の下に置きながら、解説をつづけた。

「まず、牛乳の原料になるミルクをしぼること、ここは、牛を飼う農業、酪農をしているところなので〈生産者〉といいます。牛乳は工場でつくるので、生産者でなくて〈製造業〉といいます。いろんな牛乳農家から牛乳を買って、仕入れて、いろんなお店に売る。読めますか？〈卸売業〉。みんなが買いに行く、いわゆるお店のことを〈小売業〉といいます。お客さん、われわれは〈消費者〉です。」

POINT⑤　教科に固有の知識を習得させるときは、教師による解説が必要な場合がある。視覚的な手がかりなども用いながら、ゆっくりと、しかし長くならないように話そう。

重要語句が出そろったところで、牛乳が消費者に届くまでの過程を説明させる。前田さんが前に出た。

「みんな、聞いてあげて。」

『酪農家が、乳牛を育てて、乳牛から牛乳をしぼって……それを運送して、酪農協でその牛乳を安全かどうか調べて……安全だったら、さらに運送して工場に運ばれて、牛乳を売れる形に製造して……また運送して、卸売業の人がいろんなお店に売って、お店の人がお客さんに売る。』

「はい、ありがとう。浦辺君できる？」

『えっ、まじっすか？』

そう言いながら、前に出て、説明にチャレンジした。


この時点で、あらためて学習課題（流通の合理化について説明する）を確認し、ワークシートを配る。ワークシートの前半には、ここまでの内容をまとめるチャートがあった。榎本さんは、隣の木内君に教えてもらいながら、チャートの空欄を埋めていた。次のステップに進むためには、区切りが必要だ。

POINT⑥　授業には、区切りが必要である。ジャンプ課題に進む前に、ワークシートを書く時間を確保し、マスト課題のまとめをさせよう。

ワークシートが書けたところで、次に進む。ユニクロのロゴと商品の写真が

ここまでの内容をいったんまとめる。榎本さんは、わからないところを尋ねながらワークシートを書いていた。※写真は、イラスト中のワークシート。

提示された。

「この服、山下先生（この授業を参観していた）は、どこで買い物をしたでしょう。なんて読む？」

『ユニクロ。』

「ユニクロは、何をするところ？」

『売る所。』

「さっきの写真のなかで言えば、どれにあたる？　安達さん。」

『小売業。』

ここで、別の写真カードを示す。衣類を製造している工場内の写真だ。

「なんとユニクロは。……いま、何をしているかわかる？」

『作っている。』

「ということは、このなかで（黒板に貼った語句カードのなかで）、どれにあたるかわかる？」

『生産者。』

「生産者。ユニクロは、小売業でもあるけれど、実は生産者でもある。製造業もやっている。もっと言うと、商品の企画からやっています。」

先生が話をしているとき、榎本さんは、隣の木内君からワークシートを借りて写していた。教室全体の机の配置はコの字になっているけれど、ペア机の形は残しているので、隣との共同化が生じやすい。ワークシートを返してもらった木内君は、黒板に貼られたカードの説明を榎本さんにしていた。

「どんなものを作るかって話し合いが始まって、じゃあ、それに適した素材を開発しようということになる。服をつくって、卸して売るっていうところまでしている。なんで、そんなことができる?」

ここで、次の学習課題が提示される。何人かの子どもに読んでもらう。

『ユニクロが製造から小売りまで行っている理由を二つ考えよう。』

「はい、考えましょう。机を班にして。」

POINT⑦ 大きなねらい（流通の合理化について説明する）に到達させるために、小さな学習課題がスモールステップで設定されていた。授業の構造がしっかりしていると、子どもは学びやすい。

着手の遅い4班に、先生が入る。

「ふつうは、工場でつくる人と売る人は、別なんだよ。でしょ?　でも、ユニクロは、全部している。仕事が増えるんじゃないの?」

『そうなんだ。』

「たいへんでしょ?　たいへんなのにやるってことは、何かいいことがあるんじゃないの？」

『ほかに？……お金がかからない。』

先生が去ったあとも、4班の子どもたちはつづきを話していた。

『ほかの人の仕事をするってこと？……だから途中をなくして、自分たちで作って……製造のところから全部すると儲かるんじゃない？……だから、それをちゃんとした言い方にすると……』

榎本さんの班に、先生が入る。

「すべての仕事をいっしょにするということは、何かいいことがあるんじゃないの？」

先生は、榎本さんの横に座り、仲間の話をいっしょに聞いてあげた。

POINT⑧　話が込み入ってくると、ひとりで話が聞けない子どもがいる。学びから離れてしまわないよう、傍らでいっしょに聞いてあげたい。

9班の子どもたちは、活発に話していた。

『二つ目の理由は何？……それがわからない。』

教科書を調べて、「これだ！」と声があがった。

『時間や費用の削減？』

班に入って子どもの話を聞くときも、教師の立ち位置をどこにするのがいいか、よく考えよう。ひとまずは、ひとりで話が聞けない子どもの近くに行ってあげよう。

〈運送や費用の削減になります〉と、教科書に書いてあるところを読み、仲間と共有する。

『どこにあるかわからん。ここか。貯蔵の、消費の、費用の節約。』

市村君のスイッチが入った。

『予定を立てておいて、余計なものを省ける、時間もお金も安くなる。』

毛利君が、書いてある内容を解説してくれた。

『わかる?』

市村君は、毛利君から聞いた内容を隣の大西さんに伝えていた。『調子いいね今日』と市村君は自分のことをほめていた。

『だから、時間と費用が削減できるってことが言えるわけよね。』

『どうやって書く?』

『ちゃんと書けばいい。貯蔵から。』


ここで、いったん授業を止め、ポスシステム(レジ)の写真を子どもたちに見せた。

「これは、バーコードで、ぴっと読みとって会計している写真です、これがヒント。二つ考えた班は、これをヒントに三つめの理由を考えましょう。まだ一個の班は、これをヒントに二つめを考えましょう。」

POINT⑨　子どもたちの話をよく聞いていると、授業を先に進める分岐点が見えてくる。

内藤君のテンションが上がった。

『バーコード、絶対バーコード。』

前の席の藤本さんが、冷静に指南する。

『今から考えるのは、ここ（レジ）のことじゃないの。新しい課題をすぐにするんじゃなくて、一個目二個目ができてから、三つ目の理由を考える。』

内藤君は、藤本さんの資料集を取り上げ、めくり始めた。そして、隣の班の男子に見せていた。すぐには落ち着けない。藤本さんは、それにはかまわず、自分で考えたコンビニのシナリオを語り出した。

『ぴっとしたら、この時間帯には唐揚げがよく売れるみたいな。』

教科書の記述を見て、みんなで読む。

『それでこそ、いっぱい売れるようにするんだな。』

『たとえば、夜九時に肉まんをいっぱい買いに来る集団がいたとするでしょ。そしたら午後九時に肉まんをいっぱい置いといたらよく売れる。いつどこでどれだけ売れるか、この時間帯には、塾帰りの人がいっぱい来るから、それっぽいものを並べておくとか。』

隣の班の子どもが、この話を聞いていた。触発されるように、会話が始まった。

『その時間に合わせて肉まん……夕方の六時に売れるってことだったらその時間に……売れなかったら作らない……作らないってことではなくて……多く作りすぎないってこと……売れ残らないように。』

授業は終盤だ。机をコの字に戻し、全体で話す。楠木君が、発表する。

「何にかかる費用が節約できる？」

『輸送。』

「なんで輸送？」

楠木君が、前に出てきて説明する。

『生産者から直で……ここで品質管理……そこからすぐ小売りへ。』

つづいて、牧山さんが、写真カードを動かしながら説明する。

『もとの生地になる材料を、生産者からユニクロのほうまで持ってきて服をつくる……ユニクロは、服を売ることができるから、問屋への輸送をしなくてすむ……その分お金が節約できる……』

「という今の説明、富田くんはどう？」

『ここからここまでが社内で動いているから、会社の経費としては、支出と経費がプラスマイナスゼロってなる。なのであまりお金がかからない。……運

流通の仕組みを説明する。

送はけっこう経費がかかりますので……』

話の途中、榎本さんは、『難しいことを言い過ぎていてわからん、何言ってるかわからん』と、つぶやいていた。隣の木内君は、そうだねと受け流しながら、説明のつづきを聞いていた。

「関君、どう?」

関君が首を傾げていたので、同じ班の貝原さんが前に出てきた。

『ふつうに牛乳の会社だと、運送とかいっぱいかかる。ユニクロだとコストがいらない。』

「写真で言うと、どれ?」

貝原さんはホワイトボードの前で考えていたが、しばらくして、運送の写真を指さした。

「矢野さん、いまのどんなことかわかる?」

『作ってから、それぞれいろんな店、いろんなユニクロの店があるから、そこまでは運ばないといけないから、これ（運送するトラック）は必要。』

POINT⑩　リボイス（子どもの言葉を繰り返したり、すぐに板書したりすること）をやめると、子どもたちは、話し手の言葉をよく聞くようになる。複数の子どもの考えをつなぐためには、意図的な指名が効果的である。やりとりが空中戦になりそうなときには、いったん教材に戻そう。

「二個目を聞いてみよう。バーコードで読み取りますが、何でそうするのでしょう？　木内君、どう？」

『バーコードを使って、バーコードについているシステム、ポスシステムを使って……（教科書を確かめながら）……どの商品がいくつ売れたかなどが記録されているから、それをもとに、その集計を見たあとに、どの商品をどれだけつくればいいかがわかるから、在庫を大幅に節約できる。』

教科書を、全員で確かめる。

「というふうに書いてあるけど、久野くん、どう？」

久野君は、バーコードの写真を手に、語り始めた。

『これがあると、何がいくらで売れたかがわかります。それがわかると、ユニクロの売り上げがさらに上がります。たとえば、冬にマフラーとかが五〇枚売れたとします。ユニクロは生産数を増やし、さらに売り上げをアップする。ポスシステムを使うことは、売り上げにとても関係あると思いました。』

POINT⑪　先生がしゃべらなければ、子どもはたくさん話す。どの子も、とつとつと語りながら、自分の考えをつくっていた。「できたてほやほやの言葉」

でいっぱいの教室だった。

難しくてわからんと言っていた榎本さんに尋ねた。

『それだけでいい。』

「それって?」

『運送?　在庫?』

自信がなさそうだったが、言えた。隣の木内くんは、表情を変えずに見守っていた。

「聞こえた?」

『在庫。』

周りの子どもたちが、しっかり応答してくれた。

「在庫にかかるお金がいらないってことなのだけど、神谷君、在庫にかかる費用ってどんなこと?」

『えっと、売れ残り。売れてなかったから買わないとか?』

「いまの、神谷君が言ってくれた、買わないって?　誰が買わないんでしょう?」

『消費者が買わないものを作らない……売れるものをいっぱい作る。』

周りの子どもがフォローしてくれた。

「では、めあての③。流通の合理化とはどのような意味かまとめよう。自分の言葉でまとめましょう。班でわからないことを聞きながら、自分の意見をしっかりまとめてください。」

子どもたちが、ワークシートに書き浸る。最後、何人かに言ってもらった。

「藤本さんは、いい言葉を使ってた。紹介してくれる？」

『流通の一部分を省いて、人手や輸送にかかる費用や時間を節約したり、コンビニなどのポスシステムなどを使い、在庫にむだをなくすこと。』

6　中学校三年　家庭科（フェアトレード）

○授業デザイン

学習課題

「フェアトレードとその背景を知る。」「これからの自分の消費活動で大切なことを考える。」

おおまかな流れ

①フェアトレードショップでの店員と客のロールプレイのセリフを考える（グループ）、②考えたセリフでロールプレイをし、発表する（全体）、③フェアトレードについて確認し、自分の消費活動で大切なことは何か考える（個人）、④共有する（全体）

○この授業を紹介する理由

フェアトレードを、自分たちの問題として考えさせようとした挑戦的な授業だった。授業で使うフェアトレード商品やチラシなどはすべて、同僚の先生たちが集めてきてくれた。子どもたちは、お気に入りの教材を手に取りながら、〈「遠い」を「近い」へ〉という学習課題に向き合っていた。

「ここはフェアトレードショップです。店長のさのよしこです。よろしくお願いいたします。こちらがフェアトレード商品です。今日は、フェアトレード商品を学習していきますが、めあてを書きます。」
ホワイトボードに、この日のめあて〈「遠い」を「近い」へ〉を書く。
「今日のめあてです。最後に、これがどういうことかということを考えてもらいます。この店の店員さんがお客さんに説明をするという設定でロールプレイをします。あらかじめワークシートにロールプレイのシナリオを書いてもらいます。空欄に入るセリフを班で考えましょう。」

「商品について知る手だてがここにあります。カタログとかチラシとかパンフレットです。国際交流センターでもらったパンフレットは、各班に二枚ずつあります。チラシなどは自由にもっていってください。全員が動くとたいへんなので、物を取りに動く人は班から一人にしてください。商品は好きなものを一つ持ち帰って、その商品についてのやりとりを考えてください。班で、どの内容にするのか、どんなやりとりにするのか、誰がするのかを決めてください。今から二〇分でワークシートを完成させてください。できた班は、演技の練習をしてください。前で発表してもらいます。」

POINT① 使う言葉を精選し、短く指示しよう。

フェアトレード商品とチラシが並べられた。職場の同僚が集めてきてくれた。

2班では、河野君がフェアトレードの説明を書き写していた。水川さんは、横で眺めている。すこし前まで、両手を机の下に入れ、背中を丸め固まっていた。

POINT② 一人ひとりの子どもが、班活動にどう参加しているかを確認しよう。活動を仕切っている子ども、傍観している子ども、そして一人で考えたい子どもなど、心の動きはみな違う。

1班では、パンフレットの記述を三人で見ながら、シナリオに引用する箇所をペンで囲っていた。教材とつながり、見る場所が共有されている。

POINT③ 学び合いの成立に欠かせない条件の一つは、一人ひとりの子どもを教材とつなぐこと、そして子ども同士で教材を共有させることである。

チラシを眺めていて着手が遅れた後藤君は、牧さんが書いたワークシートをたぐり寄せ、写し始めた。牧さんは、不要な口出しをせずに見守る。子ども同士、仲間との上手なかかわり方を知っている。

仲間の作業を眺めているだけの子どもがいる。※写真はイラスト中のワークシート。

教材を共有する。同じ場所を見ることによって、子ども同士がつながる。※写真はイラスト中の教材。

後藤君は写し終えると、別のパンフレットを取りに行った。次々と手に取るのだが、何を選んだらいいかわからないようだった。結局、何も持たずに班に戻った。班に残っていた女子二人は、自分たちのペースで調べていた。後藤君には、「ここを写せばいいよ」と、机の上のパンフレットを差し出した。

POINT④　協同学習では、原則として作業の分担を決めない。必要なときは助け合い、そうでないときは、各自が自分の作業を淡々と進める。

4班は、田丸さんがたくさん話していた。亀田君が熱心に聞いてくれるからしゃべりやすい。しかし、彼女の話は、なかなかまとまらない。そこで、亀田君が冷静に提案する。
『〈働いている子どもも、学校に行けるようになります。生産者の暮らしもよくなる。〉のところをアピールしたらいいと思う。』
『じゃあ、それにしよう。』

POINT⑤　上手な聞き手がいると、班活動は充実する。

2班では、取り上げた商品についてわからないことがあった。脇本君が説明を聞きに、先生のところに出向く。班の仲間は、彼の帰りを待っていた。戻っ

ワークシートを写させてもらう。班の仲間が、見守ってくれる。

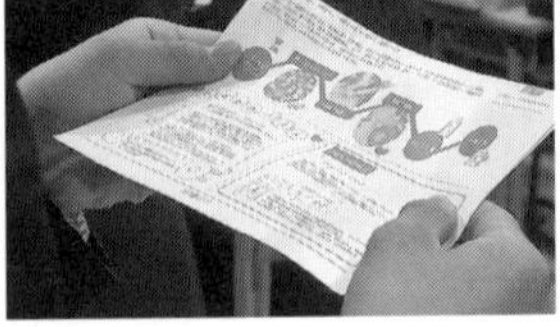
パンフレットを手に取るのだが、どこに注目したらいいのかがわからなかった。

聞いてくれる人がいると、話が弾む。

てきた脇本君が、説明の書かれたパンフレットを真ん中に置くと、先ほどまで動かなかった水川さんが真っ先に手を伸ばした。

POINT⑥　待っていてくれる人がいる場所が、人の「居場所」になる。商品の情報を聞きにいった脇本君の帰りを、班の仲間が待っていてくれた。居場所とは、たんに居心地のいい空間を指すのではない。歓迎して待っていてくれる「歓待」（ホスピタリティ）があってこそ、人の居場所になる。

1班の子たちのその後である。シナリオは完成しつつあった。後藤君は、客をすることにした。発表する前に、牧さんに聞いてもらいたかった。隣の高橋さんも、来てくれた。ロールプレイの練習だ。

『（客：後藤君）スーパーやコンビニのものより少し高いですよね。なんですか？』

『（店員：牧さん）適正な取引価格とプレミアムを得られます。』

『（客）商品についてお聞きしたいのですが？』

『（店員）ドミニカ共和国のカカオ豆が使われています。』

ここまではよかったが、〈じゃあ、これを買うと〉のあとがつづかなかった。後藤君は、いいかげんに書いたワークシートを牧さんに渡した。それでも、牧さんはつきあってくれた。

『(客) 何円ですか?』

『(店員) 二百円です。』

『(客) じゃあいいです。』

『それじゃ、意味ないでしょ。』

牧さんの反応が、厳しい。後藤君は、牧さんからワークシートを差し戻されてしまった。


「はい、完成していなくてもいいです。椅子を元の形に戻してロールプレイをしましょう。」

ロールプレイが始まる。さっそく、1班の子どもたちが前に出た。

『(店員) いらっしゃいませ、どうぞゆっくりご覧になってください。』

『(客) ありがとうございます。フェアトレードって書いてありますが、どういうことですか?』

『(店員) 人と地球にやさしい貿易のしくみのことです。』

『(客) スーパーやコンビニのものより少し高いですよね? 何でですか?』

『(店員) 適切な取引価格だからです。あと、プレミアムを得られます。』

『(客) この商品についてお聞きしたいのですが。』

牧さん(店員)が、ワークシートを読む。

『(客) じゃあ、これを買うと、生産者や労働者の支援をすることにつながるんですね。』

『（店員）そうですね。』

次のグループは、５班だ。

『（客）この商品についてお聞きしたいのですが。』

『（店員）これを買ってくださると、世界中の……一日百円で生活していたり、一日一食しか食べられない、服も買えない、この現状を助けることができます。』

『（客）じゃあ、これを買うと世界中の人々が少しでも豊かな暮らしをすることができるんですね。』

『（店員）そうですね。』

『（客）この一つの商品で助かるなら、買います。』

『（店員）ありがとうございました。また、お立ち寄りください。』


次は、７班が挑戦する。班のメンバーに助けてもらってようやくワークシートを書き終えた相馬君は、近くの子どもたちから背中を押され、前に出てきた。

『（店員）いらっしゃいませ。』

客の役をする相馬君が、ワークシートを見ながら話し始めた。

『（客）フェアトレードって書いてありますが、どういうことですか？』

仲間が励ましてくれる。

答えを聞いて、すこしのあいだ対話が途切れた。次の質問を見つけていた。みんな待っていてくれる。

『（客）スーパーやコンビニのものより、少し高いけれどどうしてですか？』

『（店員）消費者が低価格の暮らしをはじめると、原料の生産者に適正な対価が払われなかったり、環境に配慮した生産ができないため、高くしています。』

『（客）この商品についてお聞きしたいのですが。』

このあとは、うまく言えた。


ロールプレイを終えて、全体でふり返りをする。

「フェアトレードってどういうことでしたか。東山さん。」

『（パンフレットを見ながら）つくる人の生活や環境を考え、サポートする公正な貿易をすること。』

「フェアトレードは、なぜ必要なんですか。上野さん。」

『貧しい国があるから。』

「高槻君、どう思う？」

『貧しい国がある。』

「貧しい国は、なんで貧しいの？　政田君。」

『お金がないから。』

「どうしてお金がないの？」

『売っても、たいしたお金にならないから。』

「では、もう一度。どうしてフェアトレードなの？」

『助けるため。』

「何を助けるの？」

『働くところがない。働くところがあるなら、ものづくりとか、そういうのをつくれる人は、それで収入があるから、それで生活をつくれる。』

「フェアトレードが必要な人は、会社で働いてる人ですか？」

『働くところがない。』

POINT⑦　班で活動する時間を十分にとったら、学んだことを共有する場面を設けよう。たくさん話したあとだと、他者の考えが新鮮に感じられる。

「どういう生活をしているのか、どういう思いなのか。映像で見てもらいたいと思います。」

【映像要旨（前半）】カカオ農園で働いている兄弟の映像だ。彼らは、カカオの実が何になるのか知っているのだろうか。カカオの実がチョコレートになるのを知っているのだろうか。何になるのかを問うと、ミルクではないかと答える。兄弟は、カカオの実がチョコレートになるのを知らない。チョコレートを食べたことも、見たことさえもない。夕方六時、農園の仕事がようやく終わる。

指名されると、近くの子どもがいっしょに考えてくれる。

夕食の時間は、お腹を空かせた子どもにとって、いちばんの楽しみだ。地べたに座って料理ができるのを待っている。

「今の映像で気づいたことは何でしょう？　この子たちは学校に行っていますか？」

『学校がない……働かないといけないから。』

「フェアトレードの裏にはこういう現実があって、これをなくさないといけない。」

後半の映像を見る。

【映像要旨（後半）】女性のインタビュー。毎朝、早起きして工場に行き、朝から晩まで過酷な労働をこなす。厳しい労働で服をつくっている。かつて、事故で多くの衣服労働者が犠牲になった。ほんとうにつらい出来事だった。血でできた服なんて、誰にも着てほしくない。労働条件を改善してほしい。

「みんなの周りにある商品の裏には、こんな現実があります。映像を見て、秋元さんどう思いましたか？」

秋元さんは、言葉を失っていた。

「長谷くん、どう？　何を感じた？」

すぐには、感想が言えなかった。

「非常に安い賃金で働かされていることは、わかったね。それを改善するために、フェアトレードがある。それを知って、あなたたちはどういう消費生活をするか。買うだけではありません。商品に対するすべての反応のことを〈消費生活〉といいます。消費生活で大切だと思うことを書いてください。」

生徒たちが、ワークシートに書き浸る。鉛筆が走る音しか聞こえなかった。

何人かの子どもに、書いた内容を尋ねた。

『あたりまえのように買ってきて、あたりまえのように食べてという今の状況。これでいいのかな?』

『大切にし、感謝しながら使う。』

『生産者のことを思う。』

「中山さんも、そんなこと書いていたね。」

『フェアトレードを通して、貧困から脱出するプログラムを増やしていくこと。』

「生産者という視点も出てきましたが、生産者のことを考えたことがありましたか?」

『生産者のことを、何も考えずに過ごしていた。』

「そうですね。めあてに戻ります。〈「遠い」を「近い」に〉。坂東さんはどう

〈消費生活〉で大切だと思うことを書く。水川さんは感じるものがあったようだ。誰よりも真剣に書き浸っていた。

ですか？」

『物を、選んで買おうと思いました。自分たちが買うってことは、生産者との関係があるってこと。』

POINT⑧　一人ひとりの子どもが、学びを自分のものにして授業を終えられるのが理想だ。

相馬君は、最後まで書き浸っていた。ワークシートには、「自分たちはとてもしあわせなんだと思った」と書かれていた。

7　中学校二年　技術科（木材加工）

○授業デザイン

学習課題

「箱をつくる。」

おおまかな流れ

①説明を聞く（全体）、②本日の作業のポイントを知る（全体）、③作業をする（個人・グループ）、④かたづけをする（個人・グループ）、⑤ふり返りを書く（個人・グループ）

○この授業を紹介する理由

自分の作品をつくることに、これほどまで没頭するものかと思う授業だった。ほかの教科では教材や題材につながりきれない子どもも、またつながっても途中で離れていってしまう子どもも、この時間ばかりは最後まで熱心にモノとかかわっていた。授業者自作の作業手順書が、力作である。

子どもたちが、三々五々、技術科室にやってくる。木材加工、箱をつくる作業をつづけてきて、仕上げの段階に入った。

早々と技術科室を訪れた二人は、自分たちのつくった作品をあいだにはさんで、話していた。

『ここまでした。』

『見て見て。』

『これ、なおがやったんよ。』

『やすり、たいへんよな。』

『やすりは、まだ簡単。』

『浮いてる？』

『どこ？』

『えっとな。』

『ずれてる。』

『心配？』

『あとで男子に手伝ってもらう。』

POINT① 教材＝モノとの出会いが、子どもを変える。

メンバーが揃い、授業が始まった。

授業が始まる前、二人の女子が、互いの作品を見合っていた。

これからする作業内容を伝える。〈いま何を－どこまでして－終わったらどうするか〉を確認する。

POINT② いま何を、どこまでして、終わったらどうするかがわかれば、子どもは自発的に動ける。

「今日は、部品加工の次です。二週目です。はじめにしたのは？」

『切断をしました。』

「そう、それから？」

『部品加工をしました。』

「その次の作業は？」

『組み立て。』

「最後の手順に入りました。今日は、作業手順書の最後の部分をファイルに入れました。こちらをご覧ください。」


作業が進むのに合わせて、作業手順書が追加される（図1参照）。手順だけでなく、作業の留意点、困ったときの対応方法などが詳細に記されている。これがあれば、ほぼ自力で作業が進められる。子どもとモノ（ものづくりの素材や道具）をつなぐために、欠かせないツールである。説明をつづける。

この日の作業内容を説明する。必要なことだけを、図を交えて伝える。

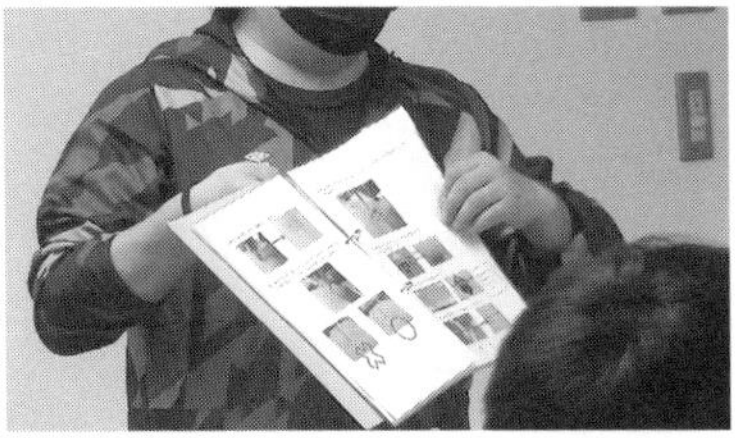

作業手順書を追加する。見てわかる手順書を、先生が自作した。

POINT③　手順書を見ながら自分でつくったという経験は、子どもに大きな自信をもたらす。一度にすべてを渡さず、作業の進行に合わせて追加していくと、毎回の作業に区切りができる。

「切断手順2は、真っ二つに切るというものでしたね。〈けずり手順〉と〈組み立て（金具）手順〉というもの、合わせて二枚入れています。そしてもう一枚、〈つづき〉というのが入って、終わりになります。かなり終わりが見えてきました。あと四時間です。」


次に、道具の使い方を説明する。

「今日、新しい道具が出てくるので、それだけ説明します。ドライバーって、何をする道具ですか？」

『ねじをしめる……まわす。』

「聞こえましたか？　今日は十字になっているドライバーを使おうと思います。」

黒板に図を描いて説明する。

「ねじの穴を拡大しますね。大きなねじ穴があって、ここにドライバーを差し込むと、ゆるんだりしまったりする。覚えておくと便利です。どっちだと思いますか？　時計方向に回したらしまると思う人？」

多くの子どもの手が挙がる。

「反時計回りでしまると思う人？」

数人の手が挙がる。

「時計回りにまわしたら、しまります。とてもかたいねじがあって、どっちに回したらいいかわからないときがあります。こっちに回して違うかな、あっちに回して違うかなと思ったときは、反時計回りにゆるめるといいです。注意点を一個だけ言います。ねじ、素材は金属です。金属対金属、勝者は？」

この質問は、難しかった。

「ねじの金属の方が弱い。ねじがかたくて、無理矢理しめようと思うと、ねじの金属が削れます。力任せにやったら、ねじがボロボロになる。これがいちばん困ります。抜くこともさすこともできなくなります。だから、力任せには回さないでください。そうなりそうだったら相談してください。それを防ぐために下穴をあけます。作業書に書いてあります。でも、釘のときのように貫通させません。どのくらいあけるかというと、この爪楊枝を用意しています。爪楊枝は道具です。大切に扱ってください。あとで集めます。ごみといっしょに捨てないでね。それから、先っぽ、ぱきんと折らないで。最後、金具は何に使う？　どこの位置に取り付ける？　全部作業書に書いてあります。終了時刻は一二時三五分です。」

ねじの締まり方を図示する。

POINT④　一つひとつの手順には、そうする理由があって、道具には固有の使い方がある。〈よく考えて行動する〉ことが、いまの子どもには必要である。

大場さんは、なかなか作業に着手できなかった。しかし、同じ班の久保君が、作業に取りかかると、それにつられるように手順書を広げていた。気持ちが不安定なときは、モノとつながれると落ち着く。しばらくすると、組み立ての準備を始めていた。

POINT⑤　モノが手につかず、子どもが〈宙づり〉になっていることがある。このようなときは、〈いつもの流れ〉に戻れると、子どもは落ち着く。〈着地〉させるといってもいい。ということは、戻って来られるようないつもの流れを子どものなかにつくっておくことが、宙づりになりやすい子どもには必要だということになる。作業手順書をつくり、流れにそって作業することを反復してきた成果は、こういう場面で現れる。

3班では、中村さんが、釘が斜めに打ち付けられてしまうのを気にしていた。班でいっしょにつくっていた大内君は、作業の手をいったん止め、ようすを見にきてくれた。作りかけの自分の箱に板を渡して釘を打ち込みやすいようにし、

大場さんは、どことなく落ち着かなかった。しかし、班の仲間が作業に取りかかると、つられるように「いつもの流れ」に戻っていた。

板がずれていないか横からチェックしてくれた。

五〇分しかない作業時間は、すぐ終わる。時間が来る前に、つくりかけの作品を置く場所を指定した。

「しまう場所が確定できたので、こちらに置いてください。マスキングテープを貼ってある場所までが２組です。そこまで終わった人は、片づけと掃除をどうぞ。」

釘が打ちやすいように、手助けしてくれた。

組み立て(金具)手順

☆条件☆

『けずり手順②』まで終わっている人は『組み立て手順②』をしましょう。まだの人は『けずり手順②』に戻りましょう。

＊図のボックスにはいくつか作業所にはない金具がついていますが、気にしないでください。

① ドライバー、つまようじ、きりを一人一つずつ 用意する。

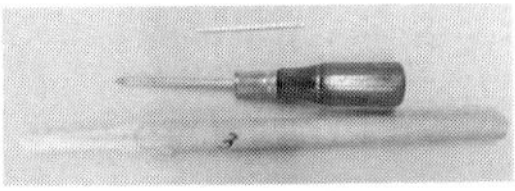

② 棚から、けずり作業②の終わった作品を取ってくる。
部品袋からちょうばん２つとねじ８本(大きさ注意)を取り出す。
＊それ以外は机の下にしまう。
筆記用具を用意する。

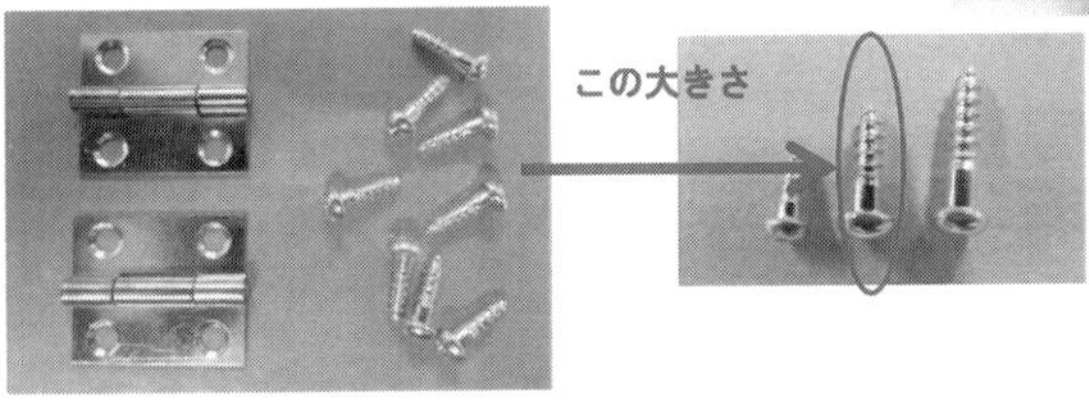

③ ちょうばんを取り付ける位置を決める。

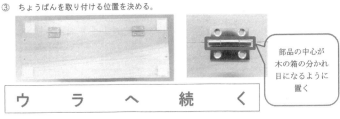

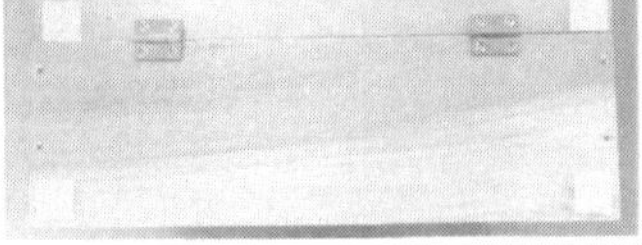

部品の中心が
木の箱の分かれ
目になるように
置く

ウ　ラ　へ　続　く

図１〈組み立て（金具）手順〉の作業手順書の一部（次頁へ続く）

④　部品の外側と内側をシャーペンか鉛筆でなぞり下書きをする。

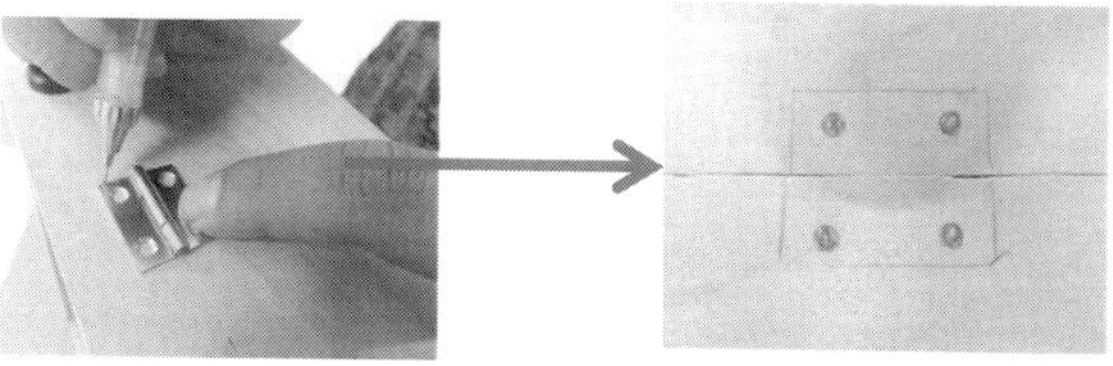

⑤　内側の丸の中心にきりを使って下穴をあける(穴をあける深さ注意)。８か所全部やる。
＊穴をあける深さはつまようじを使って確かめる。黒い印がちょうど隠れるぐらいまで。

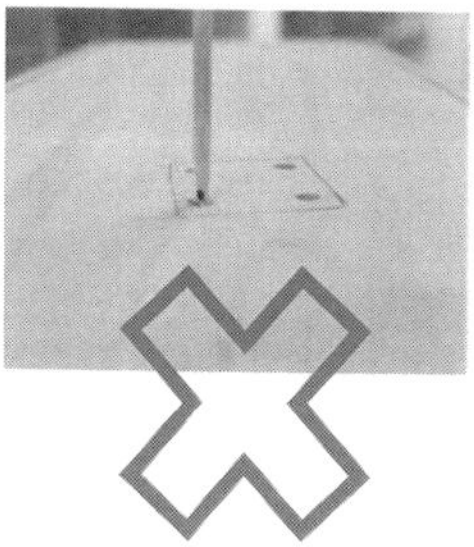

第3章

協同学習とケアの技術カタログ

第3章では、「協同学習」の指導技術を、カタログ的に整理した。ここまでの章ですでに述べたこともふくめて、あらためてまとめ直している。関連のありそうなものをまとめて小見出しをつけているが、系統性はない。使えそうなものを、適宜ピックアップしてほしい。

1 困っている子どもに気づく

①早めに、参加のきっかけをつくる

授業は始まりが肝心だ。やる気の起きない子どもには、早めに参加のきっかけをつくってあげよう。本題に入ってから参加を促されても、ハードルは高くなるだけだ。

一声かけてあげるだけでいい。机の上が散乱していたら、教科書やノートの準備をいっしょにしてあげたい。気分や体調によっては、はじめから机に伏せていることもある。そんなときは、ひとまずその子にできそうなことを見つけよう。めあてを読み上げるだけでもいい。授業と接点をもたせておけば、途中でまた離脱しても、班活動などの場面で復帰するチャンスはある。

②孤立しがちな子どもは、教師が引き受ける

班活動のときに、ひとり（独り）になっている子どもがいる。気の利いた子どもが、手伝いを試みるが、しばらくするとどうしてあげたらいいかわからずに困惑しはじめる。相手がなかなかわかってくれないと、コミュニケーションは中断する。教わる子も、一方的に教えられて困っている。

こういうときは、子どもだけに任せず、先生がその子を引き受けよう。引き受けてすることは、①子どもと教

材をつなぐこと、②教材をはさんで周りの子どもとつなぐことである。

ひとりになっている子どもは、いま何の話をしていて、教材のどこを見たらいいのかがわからなくなっている。何を探すわけでもなく、教科書や資料集をペラペラめくっているだけの子どもがいないだろうか。そんな子には、書けていないノートや空白のままのワークシートをいっしょに埋めてあげよう。教科書や資料集のどこを見て書いたらいいのかを、班の子どもに尋ねてあげてもいい。そうすることで、仲間ともつながる。

それでも書けない場所があったら、「Aさんが、ここがわからないと言っているけれど、説明してくれる人はいる?」と、周りの子どもに働きかける。説明は、いっしょに聞いてあげたい。ひとりで聞くのは心細い。聞いてわかればそれでいいし、聞いてもよくわからないようだったら、ひとまずノートやワークートを見せてもらうだけでいい。あまり追い詰めないようにしたい。

先生にしてもらいたいのは、ケアするモデルを周りの子どもに示すことだ。困っている仲間を放っておかないというマインドを、子どもたちには育てたい。

③子どもの話を聞きにいく

ペアや班の活動が滞っていることがある。できるだけ早く気づいて、ようすを見にいってあげよう。「協同学習」では、子どもたち自身による学びを大切にしたいという理由で、先生がペアや班の活動をじゃましないようにと言われる。たしかにそうなのだが、それは、子どもたちにすべて任せることを意味していない。話が煮詰まっているペアや班、またひとりになっている子どもがいる班には、学びがどこで停滞しているのかを確かめにいこう。

活動がなかなか始まらないときは、することがわかっているかどうか尋ねよう。途中で行き詰まっているときは、どうしたらいいだろうか。安易に手がかりを与えてはいけない。どんな助けが必要なのかは、子どもの話をよく聞いてみないとわからない。どこまでを自分たちでしようとしていて、その先どこで止まってしまったのだろうか。それを、子どもに言わせよう。話しているうちに、「そういうことか！」と、子どもがみずから手がかりを見つけられたらベストだ。教師は、よい聞き手でありたい。

2　わからないことを訊けるようにする

①「教え合い」は、子どもを困らせる

勉強がわからない子どもにとって、「教え合い」の授業はとてもつらい。教えるのは簡単だが、教わるのはとてもたいへんだ。

いつも教わってばかりの子どもは、友だちに教えてもらって、すっきりとわかったことがない。それでも、教えてくれるその子に悪いと思うと、わかったふりをするしかない。結局、よく理解できないまま、答えだけを写すことになる。

また、ときどき見かけるのは、たとえば算数の一斉授業の中盤、答えが出た子どもから席を立たせ、できていない子どもに教えにいかせるという光景である。教わってできた子どもは、今度は自分も席を立って教える側になる。時間がたつにつれ、教室がざわざわしてくる。こんな環境下では、落ち着いてものを考えられない。できずに座りつづける子どもの気持ちを想像したことがあるだろうか。

こんな授業はやめたい。いつものペアいつもの班のメンバーで、静かに学べる教室をつくろう。

②訊いたらわかったという経験を積ませる

「わからないことは訊き（尋ね）なさい」と言われて困る子どもはたくさんいる。なぜなら、訊く行為自体、とても難しいからである。どういうところが難しいのだろうか。

⑴そもそも、何を訊いたらいいかわからない。訊く内容がわかっているのなら、自分で調べられる。何がわからないかわからないから、困っているのである。

⑵訊ける人が近くにいない。安心して訊ける人が、近くにいるだろうか。何を訊いても、気持ちよくわかるまで教えてくれる仲間がいたらいいのだが、なかなかそうはいかない。いたとしても、同じ人に何度も尋ねるのは、気が引ける。

⑶訊くタイミングが難しい。いつでも訊いていいと言われても、相手が忙しそうにしていたら、声をかけるタイミングが計れない。どうしようか迷っているうちに、聞きそびれてしまう。

難しいなら助けがいる。はじめに、何をどう訊いたらいいのかをいっしょに考えてあげよう。その際、「わからないこと」でなく、「どこまでならわかるのか」をはっきりさせる。つづけて、「そこまでわかっているのなら、あとはここを訊いてみたらいい」と、尋ねる内容を絞ってあげよう。

訊く準備ができたら、答えてくれそうな友だちを見つけ、ちょうどいいタイミングでその子につなぐ。大切なのは、このあとのフォローだ。どうにか訊けて、相手が説明してくれても、理解できないことが多い。説明はいっしょに聞いて、わかったことを共有してあげよう。勇気を出して訊いてみたのに、相手が何を言っているのかわからないと、尋ねることがもっと苦痛になる。訊いてわかった経験を積まなければ、訊く行為は定着しない。

3　「いっしょに佇む」という技法

①愛着関係の育ちが心配な子どもへのかかわり方

愛着関係の育ちが心配な子どもがいる。教師としてどうかかわったらいいか、悩むことも少なくない。愛着関係の形成には三つのモードがある。それに沿って、かかわり方のヒントをお伝えしよう。

第一のモードは、身体接触を通した愛着形成である。抱っこやおんぶ、そして「高い高い」や「ぐるぐる回し」といった身体をつかった遊びを養育者からしてもらうことによって形成される。安心して自分の身体を預けられるようなかかわりを、子どもが望むときに望むだけしてあげられたらいい。

第二のモードは、モノを媒介させた愛着形成である。信頼できる養育者といっしょにおもちゃで遊んだり、絵本を見たり、公園の遊具に乗ったりすることによって形成される。このとき、大人と子どもが外界のモノをいっしょに見たり聞いたり触れたりするという「三項（大人・子ども・モノ）関係」が成立している。子どもは、モノを操作する大人のふるまいを見て、モノの「意味」（モノに対する人のふるまい方）を習得する。

第三のモードは、感情の交流による愛着関係の形成である。三項関係をもとに愛着関係が深まるのは、モノや活動を前に、大人と子どもが「きれいだね」「楽しそうだね」、ときには「怖いね」などとつぶやき合い、顔を見合わせ、そして感情を共有するときである。モノや活動とは、じかに触れなくていい。大人が子どもの傍らに佇んで、遠巻きに見るという光景である。

これらはどれも幼児期の発達課題であるが、学校に上がってもなお、してあげられることはある。やる気が起きず机に伏せている子どもには、背中をとんとんとたたいて励ましてあげよう。蒸し暑い時期なら、うちわで扇いであげるのもいい。重い荷物をいっしょに運んでもらったり、先生や学校の仕事を手伝ってもらったりするのも、愛着関係を築くきっかけになる。

そしてもうひとつ、学校でできるもっとも有力な手だてが、「いっしょに佇む」ことによる感情の交流である。このあとさらに解説しよう。

②いっしょに聞いてあげる、いっしょに見てあげる

授業の内容が理解できていないわけではなさそうだが、集中して取り組めない。だからしばしば、途中からついてこられなくなる。することがなくなると、髪や爪をいじっている。手元に置いたタオルにずっと触れている子どももいる。かかわりが不足しているのだろうか。そう思って声をかけると、今度は、ずっとかまってほしくなる。それも叶わないから、不満はたまるいっぽうだ。

ほんとうは心細いのだと思う。こういう子どもには、いっしょに佇んであげるのがいい。佇んですることは、いっしょに聞いてあげたり見てあげたりしながら、心を通わせることだ。問題は、それを、授業のなかでどう実現させるかである。

アイディアはいくつもある。ペア活動や班活動のときには、心細そうにしている子の傍らにいてあげよう。仲間の話をいっしょに聞いてあげるのだ。話がおもしろければいっしょに笑えばいいし、難しければ、気持ちをわかってあげるだけでいい。理科の実験のときは、いっしょに見てあげるチャンスがたくさんある。観察しながら、「すごいね」と共感できたら、準備した教師も嬉しい。

教室全体で学びを共有する場面でも、「いっしょに佇む」技法を試してほしい。指名された子どもが前に出て、黒板に書いた数学の解答を説明している場面を思い浮かべてほしい。机はコの字に戻してもいいし、班机のまま

でもいい。先生は、黒板の前でなく、心配な子どもの近くにいてあげよう。

③教室に入れない子どもと「いっしょに佇む」

教室に入れない子どもには、教室の外でいっしょに佇むという方法が使える。

ある学校では、廊下にあるくぼみのスペースを、「第二の教室」として使っている（写真参照）。このスペースには、複数の机が並べられている。教室と廊下との境目は透明なガラス窓で仕切られているから、廊下から中のようすがよくわかる。ガラス窓や扉を開けておけば、声もよく聞こえる。

「第二の教室」では、生徒と先生がいっしょに、授業のようすを眺めていた。授業で使うワークシートは、教室の入口に置いてあるから、途中からでも授業に参加できる。

廊下につくられたくぼみが、授業に入りにくい子どもの学びの場になっている。授業者とは別の先生が、授業をいっしょに聞いてくれる。教室の入口には、授業で使うワークシートが置いてあった。

このような構造の校舎は、めずらしいと思う。しかし、オンラインを上手に活用すれば、別室でモニター画面を見ながら、「いっしょに佇む」ことはできるはずだ。

4　個人作業の時間を見直す

①個人作業の時間は、子どもを困らせている

個人作業の時間を見直そう。

机は前向きで、机と机の間は距離がとってある。めあてが板書され、つづいて子どもが解く問題が提示される。

ここで、「まずは、ひとりで（個人で）考えましょう」と指示が出る。個人作業の時間だ。推奨されているのは、安易に人に頼らず、自力で解くことである。

しかし、個人作業のようすを詳しく見ていると、あまりいいことにはなっていない。長いときは五分、二〜三分延長されることもある。着手できずに固まっている子どもは、この間、ほとんど何もせずに終わる。鉛筆は動いているけれど、よく見ると書いては消すを繰り返している子どももいる。この子たちも、おそらくあまり考えていない。かたや、早々と終えた子どもは時間を持て余している。

こんな事実を前に、私たちは何を問題にしたらいいのだろうか。

もっともまずいのは、「学力差」を問題にすることである。ここに問いを立てると、さまざまな矛盾が生じる。差を縮めるのなら、下位の子どもの成績を上げるしかない。対策をしても学力差が縮まらないとしたら、ついてこられない子どもが問題なのだというロジックになってしまう。また、そもそも差のない均一な集団が理想なのだろうか。必要なのは、一人ひとりの手持ちの力に応じて、一定の水準まで学力を高めることなのであって、差を問題にすることは大人の都合でしかない。

問題にしなくてはいけないのは、学校の授業に固有の不自然さである。答えを知っている先生が、クイズを出題するようなことをして、子どもをつき合わせているだけではないか。この社会で私たちは、誰も正解を知らない問題に囲まれて生活している。答えがわかっていることをわざわざ問題にするのは、クイズ番組などの娯楽でしかない。にもかかわらず、まずは自力で考えて、次は共同で考えるという手続きに固執するのは、奇妙である。こんなことをしているという自覚が、先生たちにあるだろうか。ここに問題を感じることができれば、別の手立てを考案する余地が生まれる。

②個人作業を共同化する

別の手立てを求める前に、もうひとつ考えてほしいことがある。「ひとり（独り）ですること」と「自分ですること」の区別である。「自分ですること」は大切だが、「ひとりですること」は、必ずしも勧められない。どういうことだろうか。

したことのない仕事を任されたとしよう。説明を受け、ひとまず自分でやってみる。途中でわからなくなったときは、どうしたらいいだろうか。自分だけで解決しようとせず、わかりそうな人に尋ねたほうがいい。「ひとりですること」は、リスクを伴う場合があるからだ。与えられた仕事は、もちろん自分でするのだけれど、ひとりでしてはいけない。他人と共同でしたほうが効率がいいし、安全である。

授業の方式も、見直したほうがいい。机は、一人ずつ離してしまわずに、はじめからペアや班にしよう。そうすれば、仲間がしている作業が見える。何から着手したらいいかが見てわかれば、あとは自分で作業を進められる。どうしてもわからなかったら、友だちにノートを見せてもらえばいい。何も書かないよりは、そのほうがずっといい。これが、「個人作業の共同化」である。

5　教師がしゃべりすぎないための手立て

①しゃべりすぎをチェックする

先生のしゃべりすぎは、どう制御したらいいのだろうか。心がけだけでは、改善しそうにない。具体的にどんな場面で言葉数が多くなっているのかを調べてみるといい。気をつけたい場面をいくつか挙げるので、心当たりがないかチェックしてほしい。

圧倒的に多いのは、いまからすることを説明する場面である。手順を紙に書いてもなお、話が長くなっていないだろうか。不要な言葉が多いかもしれない。説明を短くして、「では、いまからすることを、言ってみてください」と、何人かの子どもに言わせるのも効果的だ。

次に多いのはリボイス。子どもが発言した内容を、先生がまとめてしゃべってしまうことだ。ときには子どもの話より長くなる。リボイスを避け、「どう？」「聞こえた？」などと子どもに投げかけよう。

ほかに言葉数が増えるのは、授業の後半、とくに残り一五分あたりからだ。子ども中心の授業を心がけていても、まとめを意識しだすと先生のおしゃべりは多くなる。学んだことをまとめるのは、先生でなく子どもだ。まとめの言葉を板書するぎりぎりまで、子どもに語らせよう。そうすれば、板書もいらなくなるかもしれない。

②複数の声で確認する

作業手順を説明するときは、伝えることがらを精選しよう。わかりやすい言葉を使って、ゆっくり話すことも大切である。文字化したり、絵で描いて示したり、実物を用意したりするのもいい。

しかし、どれだけていねいに説明しても、先生の話を聞いているだけでは、子どもはわからない。実際、作業を始めるよう指示しても、すぐに着手できる子どもは限られている。だからといって、たたみかけるように説明を繰り返すのはよくない。一回目に話した内容と、二回目に話した内容が微妙に違ったりするものだから、わかっていた子どもまで混乱させてしまう。

こんなときの手立ては、これからすることを複数の声で伝えること、つまり複数の子どもに言わせることである。「することが、わかりましたか」と教室全体に問いかけると、声の大きい子どもだけが「はい」「わかりました」と答える。おとなしい子どももよくわからなかった子どもの声は、聞くことができないのだ。そうならないように、意図的な指名をしよう。はじめは、わかっていそうな子どもに言ってもらう。つづけて、「いまAさんが言ってくれたけれど、Bさんはわかった？　もう一回、言ってみてくれるかな」と、発言をつなぐ。そのあと、心配な子どもに訊いてみたらいい。

この方法が有効な理由は二つある。一つは、自分の言葉で語り直すことによってすることが明確になるからだ。自分で説明できれば、することはほぼわかっている。もう一つは、「複数の声」による効果だ。一人の声による説明よりも、複数の声で、しかも微妙にニュアンスの違う言葉遣いで語られたほうが伝わる。仲のいい友だちに言ってもらうと、同じことを聞くにしても受け取りやすい。

③喉を温める

子どもに、たくさん語らせたい。すぐにできる方法の一つは、「近くで話す」時間を、授業のところどころに設けることである。たとえば、社会科の授業の導入で「三権分立とは何でしたか」と発問する。多くの授業では、数人の子どもが手を挙げて答えてしまうのだが、実際、この時点でどれだけの子どもが答えられるのだろうか。こういうときは、短くていいので、子ども同士で話す時間をつくろう。「近くで（隣で、班で）、確認してください」と指示する。このあと、何人かの子どもを指名し、答えてもらう。うまく言えなかったら、いっしょに話した仲間に手伝ってもらおう。

この手法を、とくに授業の序盤で取り入れてほしい。「喉を温める」のだ。中盤以降、ペアや班で話すためのウォーミングアップである。大人の会議でよくあることだが、今日は何も言わずに静かにしておこうと決めていても、ひとたび声をあげてしまうと、その後もたびたび発言してしまう。気がつくと、自分だけしゃべっている。喉が温まると、話しやすくなるのだ。

中盤以降も、「このことについてどう思う？　近くで話してください」「どこからそういうことが言える？　班で資料を確認してみてください」などと、折に触れ、おしゃべりする機会をつくろう。

④リボイスに替えて、「一往復半の技術」を取り入れる

リボイス（子どもの発言を先生がまとめて言い直したり、発言を聞きながら板書したりすること）をやめよう。子どもが語った内容を都合よく解釈し、言い換えていないだろうか。話している子どもに背を向けて板書するのもよくない。相手の方を見て話を聞きましょうと、子どもには教えているはずだ。

さらにリボイスは、子ども同士の聞き合いを妨げている。先生が子どもの発言を引き取ってしまうから、周りの子は、発言した子どもの話でなく先生の話を聞くことになる。板書を写すだけの子もいる。言いたいことのある子どもは、仲間の話を聞かずに、あててもらえるまで手を挙げつづけている。

これを避けるために試してほしいのが、「一往復半の技術」である。

先生が発問をして、子どもが答える。これで一往復だ。子どもの話を聞くときは、チョークを手放し、顔を見て、わかろうと思って聞こう。聞くモデルを、子どもに示すのだ。

残りの半分は、周りの子どもへの投げかけだ。「いまのAさんの話だけど、みんなわかった？」「Bさん、どんな話だったか、もう一回、言ってくれるかな？」などと、発言内容を、聞いていた子どもたちに返す。「どう？」「聞こえた？」といった、短い言葉でもいい。

このあと、たとえば「いいと思う」と子どもが答えたら、「どこがいいと思ったかな。Cさんの考えを聞かせてくれる？」といったように、さらに子どもの考えをつないでいこう。

⑤教師の立ち位置を工夫する

子どもの話を聞くときは、教師の立ち位置も工夫しよう。

チョーク・アンド・トークによる講義型の授業では、教師はほぼすべての時間、黒板の前にいる。教卓をはさんで、教師が発問し、子どもの応答を待つという構図である。

これに対して、「協同学習」を取り入れている学校を訪ねると、教卓はしばしば取り払われている。学習内容を教室全体で共有する場面では、机の並びをコの字型にする。互いの表情がよく見えるようにするためである。また、班のまま共有場面に移ることもある。この場合のメリットは、自分たちの班になかった考えがほかの班から出てきたとき、すぐに班の仲間と確認できることだ。

先生は、黒板の前でなく、教室の側面か後方に立つ。子どもたちの対話を、かれらが座っている場所から聞くのである。心配な子どもがいるときは、近くに行っていっしょに聞こう。仲間の話を聞いてもわからない子どもは、共有場面でひとりになっている。いっしょに聞き終えたら、「どうだった?」「わかった?」と尋ねてあげたい。

6　子どもの「心の動き」に気づく

①「心の動き」を見取る

個人作業や班活動のときにしている「机間巡視」をやめたい。「巡視」とは、子どもの「できる－できない」を見て回ることである。それを、「机間」、つまり子どもが作業をしている間をぬってするということだ。よく考えてみよう。これが、どれだけ子どもの利益になっているだろうか。子どもの作業を中断しているかもしれない。

作業が進まない子どもは、しているふりをしないといけない。通りがかりに声をかけてもらっても、先生が去るとまた止まっている。

ほかにいい方法はないだろうか。見てほしいのは、子どもの「できる－できない」でなく、「心の動き」である。「心の動き」を見るとは、与えられた学習課題や教材を子どもがどう受けとめ、その子がこれから何をしようとしているのか、あるいはできずに止まっているのかをつぶさに捉えることである。学習課題をノートに写しはしたが、することがわかっているだろうか。どこから着手したらいいかわからず、困っていないだろうか。鉛筆は手にしたものの、書けそうなところを書いているだけだ。すぐに行き詰まり、前の時間にとったノートをめくっている。そこに手がかりはなさそうだ。これらはどれも子どもの「心の動き」であり、その子なりの「やりくり」なのだ。

教室を歩き回っていては、心の動きやりくりに気づいてあげられない。心配な子どもがいたら、傍らに座って、「どこまでやってみた？」と尋ねてあげてほしい。

②子どもの所作から、心の動きを知る

心の動きを知るためには、授業のなかで子どもが見せる、さまざまな仕草に注目する必要がある。

両手が机の下に入っている子どもがいる。その子は、「聞いているだけ」である。自分から何かをするわけではなく、その場に座っている。それまでしていた作業があったのなら、この仕草は、することが終わっているというサインである。

ペア活動や班活動のときに、身体が相手の方を向いていない子どもがいる。つきあわないといけない気持ちはあるので、わずかに言葉は交わしているが、身体が拒否している。机と机の間が、微妙に離れているときも同様

である。相手の机との距離が、心の距離を反映しているかもしれない。無理に机を寄せると逆効果になるが、距離を縮めるきっかけがないか、気をつけておこう。

班活動のさなかでは、ほかにも注意しておきたいことがある。班に一枚ずつ配布されたホワイトボードをまっ先に手にする子どもは、気持ちが学びに向いていないことがある。自分では何も考えず、仲間が話した内容を記録するのに徹している。また、会話についていけない子どもが、ひとり資料集をめくっていることがある。何かを調べているというよりは、時間をつぶしている。ときどき、どこか落ち着かないそぶりで、ほかの班のようすをうかがっている。教室を見渡したときに、「あれっ？　どうしたかな？」と、違和感をもてるようになりたい。

7　言葉は届けるものであり、受け取るものである

①受け取る人がいてこその言葉

言葉は、人に届けるものであるから、受け取る相手を意識して発したい。

子どもに届けようとして言葉が発せられているだろうか。聞く準備のできていない子どもたちに放たれる言葉は、教室に散らばっていく。張り上げられた声は、子どもたちの頭上を越して教室の壁を突きぬけるか、壁にぶつかって粉々になる。このとき、言葉は誰にも届いていない。

子どもたちの言葉も、届ける－受け取るという関係のなかで交わされているだろうか。ペアや班の活動では、聞いてくれる相手を意識して話すよう、折に触れて指導しよう。聞き手の子どもも、話し手の言葉を受け取ろうとして、そしてわかろうとして聞いてほしい。リレー読みによる音読をさせるときは、静かな環境下で、周りの子どもにちょうどよく届く声で読ませよう。自分に向けても、自分と対話するかのように読めたらもっといい。

小学校ではときどき、全員が立ち上がり、一斉にがやがやと読み始め、読み終わった子どもから座るといった光景を目にする。こんな教室では、誰一人、相手の声を受け取っていない。叫び声が響くだけの教室は、とても居心地が悪い。

発する言葉じたいにも、気を配ってほしい。言葉が人に届けられるものである以上、相手が受け取れない言葉を発すると、コミュニケーションは断絶する。いわれなく非難されたり中傷されたりすることが悲劇的な結末を生むことは、けっして他人事でない。論破術をもてはやす風潮も、警戒が必要だ。相手の言い分を封じる、明らかに嫌な言い方というものがある。子どもたちのあいだでブームにならないようにしたい。そんな言葉遣いが、子どもたちの利益になるわけがない。

②語り出すことは傷つくこと

「語り出すことは傷つくこと」である。人に何かを語り出すとき、私たちはとても慎重である。話す内容が込み入っているときや、個人的な事情を聞いてもらいたいときは、なおさらである。

実際、慎重であるとはどういうことだろうか。

第一に、話す相手と内容を、慎重に選んでいる。聞いてもらいたいことがあっても、話が通じそうにない人には話さない。否定される可能性だってある。しかし、子どもや保護者は、話す相手である先生を選べない。この先生にはどこまでなら話せるかと、相手にあわせて話す内容を決めているはずだ。あまり信用できない人には、表面的な話しかできない。

第二に、話すタイミングを計っている。聞いてもらえるときと、そうでないときがある。忙しそうにしているときは遠慮する。相手が疲れているときも、今日はやめておこうと思う。

これだけ気を遣って語り出しても、思わぬ言葉が返ってくることがある。まして、周りの人がいる前でそれを言われてしまうと、受ける傷は想像以上だ。

ところで、「語り出すことは傷つくこと」を、日々切実に感じているのが、場面緘黙と呼ばれる子どもである。この子たちのことを、たんに「人前で話すのが苦手」なのだと考えないでほしい。苦手なだけなら、克服できるかもしれない。しかし、事態はより深刻である。

この子たちのケアには、何より周りの人の配慮が欠かせない。「話すことだけでなく、言葉以外の手段による表出行動も強要しない」ことを出発点にして、ケアを計画してほしい。ノートに自分の考えを書くだけでも、学校でするのはひどいストレスになる。小さな意思表示にしても、求められると緊張がはしる。不用意に応答を求めるのはやめよう。また、周りからの反応も控えめにできるといい。他者からの侵襲を避け、学校を、「ひとまず、ここなら安心」と思ってもらえる場所にしてあげたい。

8　できたてほやほやの言葉を語れるようにする

①自分の考えは語ることによってできあがる

「自分の考えを語る」という。「自分の考え」が先にあって、それを「語る」ということだ。たいていの人はそう思っているだろう。

では、先にある「自分の考え」は、どうやってできたのだろう。自分の考えは、語ることによってできあがる。この場合、順序が逆である。「語る」のが先で、結果として「自分の考え」ができるということになる。考えがまとまらずに、もやもやしているとき、誰かに話すと整理がついてくるという経験がないだろうか。話しているうちに、考えの輪郭がはっきりしてくるのである。輪郭ができるにつれ、私たちは、それまで表明したことのなかった「自分の考え」を口にしている。このとき発せられているのが、「できたてほやほやの言葉」といっていいような、新鮮な言葉である。

②できたてほやほやの言葉を語らせる

答えられない子どもは、「自分の考え」をもっていない。ならば、「自分の考え」をもてるように、たくさん語らせてあげないといけない。語らせたいのは「できたてほやほやの言葉」であり、その子がはじめてそのように語る言葉である。語り口はとつとつとしていて、なかなか先に進まないかもしれない。どんな話になるのか楽しみにして聞いてあげよう。自分はこういうことが言いたかったのかと、本人もびっくりするような言葉が編まれるかもしれない。予定していなかった語りを自分で聞いて、「われながら、いいことを言うなあ」と思ってくれたらいい。

「できたてほやほやの言葉」は、話型（話形）（「私は、Aさんと同じで、○○と思います。」「理由は、○○です」といった発言の形式）や、ストックフレーズ（「同じです」「いいと思います」といった、発言者に対する応答を求める定型句）を要求しつづけるかぎり、育たない。

9　騒々しい教室に、いいことは起きない

①騒々しさの理由

騒々しい教室は、学びに不向きだ。静かに学べる教室をつくろう。

騒々しさの最大の理由は、人の声である。先生の声のトーンを落とそう。子どもにつられて声を張り上げていないだろうか。言葉は、教室で学ぶ子どもたち一人ひとりに届けるものである。大切なものを手渡すように、そっと届けてほしい。遠くの子どもには、すこしだけ、声に勢いをつけてあげよう。

ほかにも理由はある。小学校低学年の教室では、何人もの子どもが挙手をして「はい、はい」と叫んでいることがある。人に何かを伝えるというより、自分を承認してほしいという要求だけで手を挙げているようにも見える。いちいち引き受けてしまうと、授業が成立しなくなる。「同じです」「わかりました」といったストックフレーズも、同調圧力とともに教室の騒々しさを助長している。「違う意見があります」「付け足しがあります」などと意思表示させるハンドサインも、音声は発しないが、なぜか騒々しさを感じさせる。人の話を聞くことよりも自分の意見を言うことが優先される空気が、「はい、はい」と手の挙がる教室と同じだからかもしれない。

②聞く作法

静かな授業に変えるためには、意図的な指名を中心とした授業に変えよう。そして、指名された子どもの話を「聞く作法」を身につけさせよう。話を聞ける子どもに育てるのは、先生の仕事である。聞く作法とは、⑴話し手の方を向いて聞く、⑵相手の話をわかろうと思って聞く、⑶いいと思ったときは頷きながら聞く、⑷話は最後まで聞く、ことをいう。自分を含めて誰もがこのことを心がければ、みな自分が話すときに聞いてもらえる。

③授業のはじまりは、テンションを上げない

子どもが授業に集中しにくいことがある。注意をひきつけようと、導入場面で刺激的な教材を見せる。これがしばしば裏目に出る。子どものテンションが上がり過ぎるのだ。ひとしきり盛り上がるが、教材を引き上げた途

端、一気に集中力が失われる。その後の授業は、いつも以上に騒がしくなる。

こんな事態を避けるためには、反対のことをするしかない。授業は、静かにスタートさせよう。導入はできるだけ短くし、始まりから五分以内には学習課題を示そう。派手な映像やアップテンポの音楽は、子どもの心をざわつかせる。先生の声のトーンも、できる限り落とそう。言葉数も減らす。説明が長くなりそうなときは、必要事項を手元のメモに書いて、それ以外のことを言わないようにする。

④意図的指名を計画する

意図的指名によって進む授業は、しっとりとしている。指名は、恣意的でも、もちろんあてずっぽうでもいけない。何かコツがあるだろうか。コツというより、準備が必要である。

ペア活動や班活動をさせるときには、子どもの近くに行って心の動きを把握しよう。心の動きとは、子どもが教材とかかわって（あるいは、かかわり損なって）、これから何かを始めようとしている（あるいは、始め損なっている）ことである。一人ひとりの心の動きがわかっていれば、どのタイミングで誰を指名していいかがおのずとわかる。

学びが滞っている子どもには、指名されて答えられるように準備を整えてあげよう。教科書やワークシートには、ふだんから書き込みをする習慣をつけておくといい。よく書けているところには◎をつけ、「この考えを、あとでみんなに伝えてくれるかな？」と声をかけよう。自信がなさそうにしていたら、◎のついた考えをペアや班の子どもと共有しておくといい。途中で止まったときに助けてもらえる。

あてずっぽうで指名され、答えに窮する子どもは、仲間の前で恥をかく。発言を終えた子どもに、次の子どもを指名させるのもやめよう。子どもを指名するのは、先生の大切な仕事である。

10　教材とつなぐ

①着地できていない子どもに気づいてあげる

子どもが、授業に「着地」できていないことがある。「宙づり」状態になっている子どももいる。この子たちには、何をしてあげたらいいのだろう。

気が散っている（よそ見をしている）、落ち着かない（椅子をがたがたさせている）、参加しない（授業とは無関係なことをしている）、そして離脱する（立ち歩いたり、教室を出て行ったりする）といった行動を繰り返す子どもは、授業に「着地」していない。一方、静かに座っているけれど、授業の内容がほとんどわかっていない子どもがいる。することがなくなり、自分の席で「宙づり」になっている。

どちらも、必要な手立ては、子どもを教材とつなぐことである。ポイントは、「場所」とつなげることである。教材とつながっていない子どもは、どこを見たらいいのか、どこを聞き取ったらいいのか、どこに触れたらいいのかがわかっていない。また、その場所のもつ意味を読み取らせることも重要である。社会科の資料集を開いたとき、注目すべき表やグラフが特定できているだろうか。さらに、そこに示されている事象や傾向（変化や動き）に気づけているだろうか。読み取ってほしいことがらに子どもを導くのも、教材とつなぐということである。

そして、もう一つしてあげたい手立てがある。既成の教材では、難しくてつながりようのない子どもがいる。リライト（既成の教材を子どもにわかりやすく書き換えること）を試みるなどして、子どもがつながれる教材を用意しよう。

②聞く－つなぐ－戻す

「聞く－つなぐ－戻す」というフレーズを、「協同学習」ではしばしば耳にする。

「聞く」とは、子どもの話を聞くことである。教師の聞きたいことを聞くだけでなく、子どもが言おうとしていることを聞いてあげよう。

「つなぐ」とは、子どもの考えをつなぐことだ。子どもの話を最後まで聞いたら、周りの子どもたちに「どう？」「わかった？」「同じ？」などと投げかけてみよう。応答してくれる子どもには、聞いて考えたことを自分の言葉で語ってもらう。こうして語り合ううちに、どの子もはじめは明瞭でなかった考えが、輪郭を帯びてくる。

「戻す」とは、教材や授業の流れ（そのときに取り組んでいる学習課題）に戻すことである。聞いて、つないで、適切なタイミングで戻す。なかでも重視したいのは、「教材に戻す」ことだ。たとえば、国語の授業で、説明文の読み取り（「筆者の主張」ではなく、「書かれていること」を自分の言葉で語り直すこと）をする。子どもの発言を受けて先生は、「いま、Ａくんが言ってくれたことは、本文のどこに書かれていたか教えてくれますか？」と尋ねる。場所が特定できたら、「どこかわかった？　△頁の□行目、〇〇のところ、みんなで読んでみようか」というように、教材とつなぐ。数学の授業、方程式の単元ならば、「Ｂさんが、４ａと言っていたところ、式のどの部分かわかりますか？　確認してみてください」などと、こまめに教材に戻そう。

「聞く－つなぐ－戻す」技法は、共有場面だけでなく、ペア活動や班活動で子どもの学びが滞っているときにも使える。どんな話をしていたのかを聞いたら、どこを見てそのような話になったのかを、教材に戻して確かめさせよう。

③書き込みを促す

教材とつなぐためには、書き込みも有効だ。国語なら、教材文を写したワークシートを用意し、自分の考えを書き込ませよう。重要語句に線を引かせ、意味を書き込むだけでもかまわない。

書き込みは、子どもが発言するときの助けになる。緊張する子どもは、書き込んだ内容を読み上げたらいい。

書き込みはまた、子ども同士をつなぐ媒介になる。ペア活動や班活動では、書き込みを見せ合いながら話をさせよう。注目していなかったところに友だちが書き込んでいたら、自分のワークシートに戻り、書き足すことができる。話している途中でわからなくなってしまったら、いっしょに書き込みを見て、つづきを考えてくれるような関係もつくりたい。

書き込みがあると、先生も、子どもの活動を把握しやすい。「ここ、自分で考えたの？　すばらしい！」と認めてあげられる。

11　授業の構造を考える

①机の配置を工夫する

教室の机の配置について、ポイントをいくつか示そう。

最小の単位は、ペアである。一人ひとりの机を離さずに、ペアをつくる。これだけでも、困ったときにすぐ、隣から助けを求められる。教室全体をコの字にするときも、ペアの単位は残そう。長机のような配列にせず、隣のペアとのあいだにすこし間隔をあけておく。

班は、四人班が最適である。ペアを二つ、そのままつけて班にする。欠席者が多いときは、別の班に子どもを移動させることもある。五人以上の班は、教材が共有しにくくなるので避けたい。

教室全体の机の配置は、コの字型や扇型（少人数のクラスの場合）が採用される。子ども同士が顔を合わせて話せる。ただし、話し手のほうに身体を向けて聞く習慣があれば、必ずしもコの字である必要はないと思う。ペアや班のままでもかまわない。

②トランポリンモデル

授業を設計するときは、「トランポリンモデル」を参考にしよう。

いたって単純なモデルである。授業を、前半と後半に分け、前半で「すべての子どもをトランポリンに乗せる」、後半で「トランポリンに乗った子どもを、学ぶ値打ちのある学習課題（テーマ）に向けてジャンプさせる」というイメージである（一六頁参照）。「協同学習」では、前半で扱う課題を「マスト課題」といっている。後半の「ジャンプ課題」に挑戦させるため、すべての子どもに到達させたい課題だ。

ジャンプ課題として提供するのは、特別に難しい内容ではない。単元の指導内容をていねいに吟味したうえで、「どうしてもこれだけは学ばせたい」と授業者が思う内容を扱ったらいい。この国の教科書は（一部の政治的な恣意性は別として）、とてもよく考えて作られている。奇をてらった課題設定は避け、まずは教科書が提示するテーマを正確に読み取ってほしい。

③区切りを設ける

授業には、「区切り」が必要である。もっとも大きな区切りは、マスト課題を終えたときであろう。全員をトランポリンに乗せるというのは、あくまで比喩である。実際には、たとえば、数量関係をグラフで表すことを目標にする算数の授業ならば、数量関係を示す表の空白を埋めることだ。理科の実験なら、観察した事象をワークシートに記述することがマスト課題である。それをもとに、起きている事象を理科の概念をつかって説明するというジャンプ課題にとりかかることになる。

このほかにも、ところどころに区切りを設けよう。区切るたびに、ノートやワークシートをまとめる時間を確保してあげたい。近くの子どもの力も借りたらいい。こうして、その都度、全員を授業に着地させる。次の作業に進むのは、子どもを着地させたあとである。

④黒板の前での班活動

班活動を終え、つづいて、学んだことを全体で共有する。しばしば行われてきたのは、作業時間を告げて班活動を開始し、おおかた目処がたったところで活動を切り上げるというやり方だ。このあとは、それぞれの班で書かれたホワイトボードを黒板に並べ、順に発表させる。

このとき、何がうまくいっていないのだろうか。いつもながら、活動を切り上げるタイミングが難しい。班によってパフォーマンスに差があるとなおさらだ。また、ホワイトボードに書かれた答えを一斉に提示されると、授業についていけない子どもは途方に暮れる。順番に説明する場面では、同じような説明が延々とつづくにつれ、子どもたちは退屈しはじめる。

考えられる解決策の一つは、班活動のようすを詳しく把握したうえで、意図的な指名をすることである。一斉にホワイトボードを並べるのをやめて、二つか三つの班で話していた内容を、全体で共有する。このとき、代表の子どもに説明させて終わるのではなく、同じ班のメンバーや、同じような内容を話題にしていた別の班の子どもを指名し、フォローしてもらう。

　この方法のバリエーションが、これを班活動と並行して実行する方法だ。教室の班活動は継続させたまま、指名した子どもに出てきてもらう。黒板に解答を書かせ、説明を求める。同じ班の子どもがいっしょに来てくれることもあるし、遠くから見ていてくれることもある。「黒板の前での班活動」だ。

　作業が遅れている班の子どもや班の活動についてこられなかった子どもには、このようすを見ていてもらう。先生は、「どう？」「これで納得？」などと投げかける。ローカルな共有活動といってもいい。これをしておくと、教室全体の共有場面へとなめらかに移行できるし、共有の質も高まる。小学校高学年から中学校の教室で使える手立てだ。

⑤学びを個に還す

「協同学習」のゴールは、「学びを個に還す」ことである。ペアや班で、考えをひとつにまとめることではない。もちろん、全員で何かを決めることは大切であり、学活などの時間に経験させたいが、教科の授業はそれと区別したい。

　協同的な学びとは、他者との対話を通して、一人ひとりの子どもが個の学びを実現させる営みである。私たちが目指すのは、子どもがたくさんおしゃべりをし、それでも言い足りなかったことを自分のノートやワークシートに書き浸って終わる授業である。このとき、学びが個に還っていく。先生が書いたまとめの言葉を写させたり、感想レベルのふり返りをさせたりするばかりではいけないと思う。

⑥反復と深い学び

深い学びには、「反復」が必要だ。

本物の「反復」とは、繰り返し同じようなことをしているようで、実は毎回違うことがなされているという現象だ。

読書を例に出そう。はじめて読むときと二回目に読むときとでは、明らかに違う読み方をしている。二回目を読むときは、「一回目を読んだ自分が読む」からである。さらに三回目は、すでに二回読んだ自分が三回目を読む。読むごとに、別の自分が新たな読み方をしている。反復によって、それまで見過ごしていた表現に気づき、理解が深まる。これが、「深い学び」につながる。反復は学びを深める。学びが深まると、何が起きるかわからない。反復は、予定していなかった学びを子どもにもたらす。

12　よかれと思ってしていることを見直してみる

①ノートに○をつけて歩くのをやめる

机間巡視をしながら、子どものノートに○をつけていくのを見直そう。小学校でよく見かける風景だ。

もちろん、○をつけることのすべてがいけないわけではない。小学校に入学したてのころに、ノートの書き方を教わる。不安な子どもには、○をしてあげたら安心する。また、よく考えて書き込みをしているところに○をつけてあげると、ペアや班で活動するときに自信をもって友だちと話せる。

避けたいのは、「授業を進行させるために必要なことが書けているかどうか」というレベルで、○をつけて歩くことである。早くできた子どもは、○がついたあと待つしかない。まだできていない子どもがいても、先生が○をつけに来てくれるのだから、子ども同士で助ける必要がなくなる。

このやり方を変えて、ペアや班の子どもが相互に、まだできていない子どものフォローをするよう促せないだろうか。先生にしてほしいのは、子ども同士によるフォローをフォローすることである。共同でする活動は、すでに保育園、幼稚園、こども園で経験してきている。互いに相手を気遣うことは、ふつうにできるはずなのだ。むしろ、学校に通うようになって、ひとりですることを子どもに求める機会が増えるから問題が生じるのだ。個人作業は、共同化したほうがいい。

②ヒントカードは子どもの役にたっているか

前もって準備された「ヒントカード」は、扱いが難しい。理解が追いつかない子どもは、ヒントカードの何がヒントなのか、わかっていない。わからないことを増やすだけになっていないだろうか。

ヒントカードは、「教師が想定した子どものつまずき」を補おうとしている。それはしばしば、子どもが困っていることとすれ違っている。あらかじめヒントカードを用意するより、その都度、必要とされるヒントを子どもの傍らで見つけてあげたほうがいい。かゆいところに手が届く支援をしよう。

③付箋をやめる

付箋の使用を見直してほしい。何より、子どもには書きづらい。とくに小学校低学年の子どもには不向きである。雑に書くつもりはなくても、字が汚くなる。それをそのまま大きなシートに貼るから、とても見にくい。相手に言葉を届けるというよりは、「言いっぱなし」に近い。

それでも、書いて残したほうがいいという考えがある。しかしどうだろう。書くことじたいが負担な子どもは、書く内容がありきたりになりやすい。話し言葉のほうが、ずっと豊かである。ゆっくり考えながら書く子どももいるが、それをするには、書くスペースが小さすぎる。

概念を視覚的にまとめやすいともいう。だが、これも大人の都合かもしれない。班活動のようすを見ていると、子どもは、大人が考えもつかないような自由な発想をしている。それを、既成の概念で括ってしまうのはもったいない。ＫＪ法でよくやるように、紙の上で安易に概念をつくるのは避けたい。子どもの考えは、しばしば、どの括りにも回収できない内容である。

たしかに大人の場合、書かれたものを前にして話した方が会話がはずむということはある。とはいえ、大人にとって便利な方法が、そのまま子どもに使えるわけではない。シートに貼られた多くの付箋を一目で把握するのは、子どもには難しい。おそらくそのせいで、子どもの会話は期待したほどはずまない。

また、シート上で出された結論は、班の結論になってしまう。自分の考えは、付箋でなくノートやワークシートに書かせたい。それを互いに見せ合い、必要な書き足しをして、みずからの学びを成立させるのだ。大切なのはやはり、自分のノートやワークシートをつくることである。

④タイマーを使わない

授業の見通しを示すスケジュールは、教師が考えたものである。子どもの見通しになっているだろうか。子どもをつき合わせているだけではないか。

さらに心配なのは、仮に子どもに見通しがたったとして、今度は、授業が「こなすもの」になってしまうことだ。子どもに、授業とはそんなもの、つまりこなすものだと思わせてしまうのはまずい。もっと怖いのは、先生までそれがあたりまえになることである。

私たちが目指してきたのは、時間のたつのを忘れるほど、子どもが学びに没頭する授業をつくることだったはずだ。時間通りに授業を進めることを優先し、タイマーで子どもを追い立てるのはやめよう。子どもの活動を邪魔してはいけない。タイマーは、撤去したい。

⑤クイズをやめる

授業全般を通して子どもにつけたい力は、先生の立てた問題に答えるだけでなく、みずから問いを立てられるようにすることである。

正しく問題に答えられるようにすることは、もちろん大切だ。科学的かつ民主的な問題解決のプロセスを学ばせ、よく考えて行動できる大人になってもらいたいと思う。

これに対して、一般的なクイズでは、正解・不正解だけが取り沙汰される。知識があれば正解できるし、なければカンで答えるだけだ。クイズは、娯楽として楽しむものであって、学びには不向きである。プロセスが抜け落ちることだけが問題なのではない。答えを知っている先生がつねに出題者であり、回答するのはいつも子どもである。この構図は、授業そのものにも定着していないだろうか。

これを反転させたい。問いを考えるのが、子どもであってほしいのだ。それは、つまらないクイズを子どもにつくらせることではない。問いを立てられるようになるのには、時間と鍛錬が必要である。日頃から、授業のテーマが何を問題にしているのかをよく考える習慣をつけよう。与えられた学習課題の値打ちを問わせたいのだ。問題解決より、問題提起に重きをおく。たとえば防災にかかわる授業なら、住民の安全のために「何をしたらいいか」だけでなく、「何を問題にしなくてはいけないのか」に目が向けられる子どもに育てたい。問題にすべきことを取り違えると、現状は変えられないのだから。

⑥役割を決めない

班活動のときに、班長（リーダー）や記録係などを決めることがある。「協同学習」の授業では、この形式をとらない。班で意見をまとめることはしないし、議決をするわけでもないので、班長（リーダー）はいらない。議事録をつくる必要はないから、記録係もいらない。役割を決めず、だれもが同じ立場で自分の考えが言えるようにしてあげたい。

⑦ジグソー方式は、小中学校の授業には適さない

小中学校の授業でジグソー方式を取り入れるのは、あまりお勧めできない。さまざまなバリエーションがあるようだが、共通する手法はおおよそ次のようなものだ。

⑴大きなテーマを提示したあと、関係する問題をいくつか設定する。

⑵問題ごとに役割分担を決め、エキスパートグループをつくる。グループのメンバーは、その問題についてのエキスパートになることが求められる。

⑶それぞれの問題のエキスパートが一人ずつ入ったグループが再編される。エキスパートグループで得られた結果を持ち寄って、テーマについての話し合いをする。

小中学校の授業でこの方式がうまく機能しないのは、担当していないエキスパートグループで何が行われているのかを子どもが把握しきれないからだ。役割を決める段階で、それぞれの分担内容が理解できていればまだいいが、取り組んだことのない内容を想像するのは難しい。多くの場合、再編されたグループでは、結果を報告するだけになっている。しかも、報告はひとりでしなくてはならない。エキスパートグループでよくわからなかった子どもは、とても心細い思いをしている。ジグソー方式は、作業の効率化という点でのメリットは大きいが、

小中学校の授業には不向きである。

⑧子ども同士の「評価」をやめる

子どもによるパフォーマンスを、相互に「評価」させることがある。英語によるプレゼンや楽器の演奏など、実技を伴った授業でよく見かけるのだが、実際、子どもが話すのは、「ここがよかった」「ここはこうしたほうがいい」といった、とりあえず思いついた表面的な感想がほとんどである。授業は成立しているように見えても、子どもに何の力がついたのかよくわからないのだ。

仲間の振る舞いに関心を寄せることはとても大切だ。しかし、それが評価であってはならない。子どもに期待したいのは、仲間の発表を見聞きして、「なるほど」と感心することであり、「すてきだな（自分もあんなふうにできたらいいな）」とあこがれることである。

第4章
学校づくりのヒント

1　研究授業の準備

（1）組織的な実践が必要な理由

序章でも述べたことだが、「協同学習」とは「授業づくりの体系」である。体系を創造するためには、組織的な実践が要求される。理由が、いくつかある。繰り返しになるが、確認しておこう。

一つめの理由は、「協同学習」の出発点が、問いを立て、それを組織で共有することだからである。この学校で、子どもが授業を楽しいと思えるようにするために、何を問題にしなければならないのか。問いを明らかにするためには、子どもの学びのようすを詳しく見取る必要がある。子どもが学べている場面や学び損なっている場面を、複数の目で、ていねいに観察しよう。

二つめの理由は、問いを共有しつづけ、必要に応じて更新するために、研究授業や研究協議会のあり方を見直さなくてはいけないからだ。これまでのやり方を踏襲していては、授業は変えられない。

三つめの理由は、「協同学習」の授業を、校内で系統的に実現していくためだ。小学校では、低学年のうちにペア活動を定着させよう。教材をはさんで語ること、相手の話をわかろうと思って聞くことが低学年の目標だ。中学年、高学年では、班活動を充実させていく。中学校の場合は、系統性というより統一性といったほうがいい。教科を超えて「協同学習」に取り組んでいくと、子どもが授業のスタイルを覚えてくれる。一人ひとりの先生がいちいち「協同学習」の作法を子どもに教える必要がなくなる。

（2）指導案にかかわる悩みごと

次に、組織的な実践のヒントを提示しよう。はじめは、指導案にかかわる話だ。指導案を作成するときに求められてきたことは、⑴クラスの実態について、ふだんの学習のようすを示すとともに、授業をする教科や単元の学習状況と関連させて記述すること、⑵教科指導の系統性を踏まえ、授業をする単元で扱う指導内容を正確に把握すること、⑶使用する教材をていねいに吟味したうえで、その教材を取り上げる意義を明らかにすること、⑷所定の時間数のなかで、単元の指導計画を立案すること、そして⑸研究授業をする時間（本時）の授業デザインを示すことである。指導案の作成が推奨されてきたのは、このようなことがらを踏まえて授業することの重要性を、あらためて確認するためだったのだろう。手間はかかるが、書いているうちに考えがまとまってくるし、これまで考えたことのなかったことを考えるきっかけにもなる。

一方、問題点とその改善策にも触れておいたほうがいいだろう。

①簡素化する

しばしば指摘されるのは、指導案を作成することに必要以上の労力が費やされているという事実である。本番前に力尽きている先生がいるほどだ。指導案の簡素化は、すぐにでも実現したい。

各地で指導案を見せてもらうが、形式も内容も驚くほど千差万別である。そこから取り出した共通項が、先ほど掲げた⑴～⑸である。これらが必須の内容であり、それさえあれば形式は問わない。ほかの人に読んでもらうためには、ポイントをしぼったコンパクトな指導案にしよう。⑴～⑸は文字数を定め、そこに収まるように書くといい。書ききれないというなら、繰り返し推敲を試みる。思いのほか、いらない言葉が多いものである。分量はＡ４で一枚、多くても二枚までだ。

②「問い」を反映させる

「協同学習」の実践は、「うちの学校の子どもたち」に「学校が楽しい」「授業が楽しい」と言わせるための問いを立てることから始まる。指導案には、この問いが反映されなければいけない。

問いは、教室で学ぶ子どもの見取りを通してしか立たない。見取りにあたっては、子どもの「できる－できない」だけでなく、「心の動き」をつぶさに観察する必要がある。勉強が得意な子どもは、ほんとうに勉強が楽しいと思っているだろうか。学ぶ喜びを感じさせる授業ができているだろうか。子どもがすでに勉強嫌いになっているのだとしたら、私たちの授業の何がそうさせているのか。問題にすべきことがらはたくさんある。学びのようすをよく見て問いを立てつづけるかぎり、指導案から子どもの姿が消えることはないはずだ。

③授業のイメージがわいてくるか

多くの指導案は、「本時案」にたどり着くまでが長い。しかも、本時案の分量と内容が、前に書かれている内容と比べて粗末である。

言い過ぎだと言われるかもしれないが、実際、本時案を見たときに、子どもにどんな活動をさせたいのかが明らかでなく、「これをしたら、次はこれ」という授業の流れも見えてこないことがよくあるのだ。そして、そのまま授業をした結果、「子どもが何を学習したのか、わからなかった」という感想が出てくる。

授業を提供してくれた先生を責めてはいけない。事前に、模擬授業もしていたはずだ。こうなることが、なぜ指導案の段階で予測できなかったのだろうか。模擬授業によって、授業のリハーサルはできたかもしれない。だが欠けていたのは、研究授業の当日、子どもが作業し語り合う（反対に、手が止まって黙ってしまう）イメージである。解決の手だては、次に紹介する「おおまかな流れ」を示すことだ。

（3）授業の流れがわかるデザインをつくる

①授業デザイン

「協同学習」の研究授業では、事前に「授業デザイン」をつくることを推奨している。示してほしいのは主に二点、「学習課題（ねらい）」と「おおまかな流れ」である。

まず、学習課題である。前項で挙げた(1)～(4)の内容を踏まえ、子どもに学ばせたいことがらを的確に示す。このとき、一時間を通した全体の学習課題とともに、「マスト課題」と「ジャンプ課題」（第3章参照）を、それぞれ設定してほしい。ジャンプ課題が、そのまま全体の学習課題になる場合もある。

もう一つが、「おおまかな流れ」である。することを小分けにして、「これをしたら、次はこれ」という流れをつくっておく。この際、「これ」にあたる子どもの活動を明確にしておくことが大切である。それぞれの活動場面において、どんな形態で（ペア、班、全体など）、具体的にどんな活動を子どもに期待するのかを明記しよう。ペアや班で活動させたあと、全体の場面で何を子どもたちに共有させ、また一人ひとりの子どもにどんな学びをもたらそうとしているのかが読み取れるように記述してほしい。

②予見ができないことを前提にしたリハーサル

さて、肝心なのはここからである。授業デザインを書いたあとに、実際、子どもがどんな活動をしそうなのかを、何度も、できればすこし間隔を開けてリハーサルしてもらいたいのだ。しかも、リハーサルは、「予見ができない」ことを前提として試みてほしい。どういうことだろうか。

すこし話が込み入るが、お伝えしたいのは、（1）未来に起きるであろうことは、どれだけリハーサルをしても「予見不可能」である（予見できることは限られている）こと、（2）だからこそ想定外の「展開」があるのだし、むしろ何が起きるかわからない「展開」にこそ授業の価値を見出したいということである。「予見不可能」「展開」とは、フランスの哲学者ベルクソン（Henri Bergson）の言葉だ。手短に解説しよう。

はじめに、「予見不可能」であること。予定されている授業がどうなるかは、念入りにリハーサルすることで、たとえば次のようなシナリオがつくれるし、つくっておいたほうがよい。小学校五年生の授業。導入では、いつもの子どもたちが答えてくれるはずで、A君は話が長いと飽きる（飽きる前に話を終えよう）。廊下側の女子と真ん中の列の女子は、今回の学習課題に興味を示してくれるかどうか心配である。BさんとCさんは、きれいにノートをまとめてくれるだろう（彼女たちへの声かけを忘れないようにしよう）。ペアで話すときは、D君とEさんがしばしば滞る。D君は書き込みがあれば話せるが、おそらくたくさんは書けない。このあたりまではだいたい予想できるが、班活動となると難しい。学びを共有する場面はなおさらだ。やってみないとわからない。授業が進むにつれて予想はますます困難になるし、実際、予想通りには運ばない。それどころか、教室の細部まで思い浮かべれば、はじめから何が起こるか予見しようがない。F君の消しゴムが落ちて、ざわつくかもしれない。

それでもなお、本来予見不可能だからこそ、予見できないことを前提にして、教室で起きそうなことを細部まで想像してみてほしいのだ。細部の一つが、子どもの心の動きである。学習課題と教材を前に、一人ひとりの子どもの心がどう動くか、つまり学びにどう向かっていきそうなのかを想像するのである。

設定した学習課題が子どもの心にどう響き、提示した教材が子どもの目にどう映るかということを考えたことがあるだろうか。たんに「わかる－わからない」「興味をひく－ひかない」のレベルで捉えないでほしい。子どもの小さな心には、それまでの経験が記憶となって蓄えられている。経験や記憶は一人ひとり違っているゆえ、提示された学習課題の受け止め方も、それに向けて学ぼうとする気持ちも、みな違うはずなのだ。教材も、子どもによってもつ意味はさまざまである。意味とは、対象に対する人のふるまい方である。算数の計算プリントを前に、大急ぎで答えを書く子もいるし、破り捨てる寸前の子もいる。心の動きは、場面によっても変化する。ペアや班の活動が始まった途端、心が動き出す子どもがいる。反対に、活動からはぐれ、心の動きを止めてしまう子どももいる。

細部を想像するとは、ここまで詳細なリハーサルをすることである。これは、「子どもの実態」でも、「予想される子どもの反応」でもない。指導案に書かれている「予想される子どもの反応」の多くは、与えられた学習課題を子どもが受け取っているときの反応だ。あるいは、ペアや班で、想定した活動に取り組んでいるときの反応である。つまり、教師が描いたシナリオのなかでどう反応するかという、限定的な行動しか取り上げていない。シナリオの線が強いほど、子どもはそれにつき合わされることになるし、つき合ってくれない場合、授業は失敗したことになる。

授業の詳細は予見できないからこそ、そこへの想像力を働かせたい。人はもともと、この手の想像力が弱いようだ。難しくてあたりまえだと思って、試みてほしい。

③創造的な授業へ

もう一つのキーワードは、「展開」である。予見不可能だからこそ、授業は創造的に「展開」する。予定通りに進行するのは、録画したビデオを再生するときである。指導案通りに授業を運ぶというのは、ビデオの再生に近い。授業は、そうならないからこそ、またそう望むことを禁じるからこそ、創造的になる。創造的な授業を目指すのなら、予見の不可能性を、むしろ肯定的に捉えよう。予見できない「展開」にこそ、私たちの想像力が及ばない創造性が生じる余地がある。

問題は、この創造性を、私たちがいかに手にすることができるかである。先に述べたように、子どもの心の動きを想像しておこう。そうしておくと、授業のさなかでも、子どもの心の動きに意識が向く。子どものようすを見て、良くも悪くも「あれっ？　どうしたのかな？」と、いつもと違った「差異」に気づける。ここでいう「差異」とは、ちょっとした違和感である。周りの子どもと比べることで見えるものではなく、私たちに何らかの気づきを要求してくるような、その子のもつニュアンスである。学校から帰ったわが子のふるまいがいつもと違うことがある。「何かあった？」と親が勘を働かせるのは、差異があるからだ。

差異は、子どもの心の動きを見ていればすぐにわかる。ふだんは広げている教科書が閉じたままだったら、何か気がかりなことがあるのかもしれない。研究授業の日に、いつもは書かないノートを取り出して、友だちのノートを写している子どもがいる。これだけでも、「あれっ？　どうしたのかな？」と思える。そのあとは、いつも通り鉛筆を置いてしまうかもしれない。これは悲しい出来事だ。せっかく頑張ろうとしていたのに、やっぱりだめだったということにならないよう、子どもの心の動きには敏感でありたい。気づいてあげれば、打つ手はいくらでもあるはずだ。

こうしているうちに、別の班からは「そういうことか！」と声が聞こえてくる。ていねいに子どもを見て授業をすると、それだけで授業は創造的に展開する。授業を創造的にするのは、子どもである。教師がオリジナルな授業をすることではない。教室のあちこちに「予想されない子どもの反応」があって、それに一つひとつ対応していたら思わぬ展開があったという実践の反復が、授業を楽しくする。

(4) 参観する先生たちへのアナウンスメント

研究授業の前にしておきたいのは、授業を参観する先生たちへのアナウンスメントである。研究授業の趣旨は、事前に伝えておきたい。「協同学習」は、「授業づくりの体系」だった。着手すべき第一歩は、自分たちの学校の子どもに「学校が楽しい」「勉強が楽しい」と言ってもらえる授業をつくるために、何を問題にしなくてはいけないのかを考えること、つまり問いを立てることだった。適切な問いのないまま安易に答えを求めても、出した答えはあてずっぽうでしかない。「うちの学校の子どもたち」に必要な問いは、学校の教職員が全員で見いだし、共有しなくてはいけない。このことを確認したうえで、先生たちには、授業を参観するときの留意点を事前に伝えておこう。ポイントは、次の二点である。

子どもの心の動きを見取る　子どもの「心の動き」を、ていねいに見取る。「心の動き」の見取りとは、一人ひとりの子どもが、学習課題や教材をどう受け取っていて（受け取り損ねていて）、どのように学びに向かおうとしていたか（学びをやめてしまったか）である。

答えを出すのではなく問いを立てる　問いは、子どもの心の動きから見いだす。「うちの学校の子どもたち」の学びに必要な「問い」がどこにあるのかを考えながら、授業を参観してほしい。

このようなアナウンスメントをするのは、授業が終わったあとの研究協議会の持ち方を見直したいからである。これまでの研究協議会で取り上げられてきたのは、「授業をどうするか」という問題だった。よかった点、改善したほうがいい点を挙げながら、授業の批評をしてきた。批評の対象は、「先生（授業者）がした授業」であって、主語は先生だった。これを変えたい。

変えるのは、もちろん主語である。子どもを主語にした研究協議会にしなくてはいけない。そのためには、授業のなかで子どもが学ぶ姿を、参観するすべての先生に見取ってもらう必要がある。椅子を並べて、教室の後方から参観するのはやめよう。学びがどこで成立し、どこで学び損なっていたのかを詳細に観察してもらう。この事実に基づいて、自分たちが何を問題にしなくてはいけないのかを考えるのだ。問いを立てるとは、こういうことをいっている。

図1は、「協同学習における確認」だ。これをつくった中学校で提起されてきた問題が、網羅的に示されていた。必要に応じて加筆修正される。

協同学習における確認：岡山市の公立中学校で使われているシート（一部改変）

教師の知識・技能
○最初の１分、５分を意識して授業に入れているか。
○テンションは適切か。
○無駄な話はないか。
○授業者の表情が、柔らかい雰囲気を作っているか。
○机をつけて、グループ協同の時間があるか。
○授業の場面場面で、教師の立ち位置を工夫できているか。
○ジャンプ課題を設定できているか。
○生徒の「つぶやき」や「困り感」を感じ、つなぐことができているか。
○学習した内容を共有させることができているか。

協同学習における規律
○机をつけ、壁（筆箱や教科書）をなくすことができているか。
○コの字、グループの型・位置のけじめがついているか。
○カバンが机の横にかかっていないか。

授業の改善・充実
○めあてが適切であるか。
○ペア活動や班活動の課題は明確であったか。
○モノ（教材・題材）の準備ができているか。
○子どもが友だちに関心を寄せていたか。
○子どもが、わからないところを尋ねる姿があったか。
○生徒のつながりが深まっているか。
○授業デザインは適切であったか。
○子どもが活動する時間が、授業の８割ほどあったか。
○男子と女子の関係は良好であるか。
○男子も女子も、同じように学びに向かわせていたか。
○子どもがわかろうとして聴く姿勢があったか。
○生徒の声、つぶやきを聴くことができているか。
○困っている生徒に気づき、かかわることができているか。
○学ぼうとするが、つながらない子どもへの手立てがなされていたか。
○学びを個に還す時間はあったか。

自己啓発
○授業を見に行っているか。
○授業を見てもらっているか。
○研究協議で、積極的に発言できているか。
○研究協議で、いろいろな意見を受け入れることができているか。
○教科間で情報交換ができているか。
○積極的に協同の研究に努めているか（自己研修・視察等）。

図１　協同学習における確認。「授業が楽しい」と子どもに言わせるために、問題にしたいことがらが並んでいる。15年余り「協同学習」に取り組んできた中学校で作成されたものだ。

（５）準備物の確認

あとは当日に使うものを用意しよう。子どもの座席表は必須だ。見取った内容を場面ごとに書き込む用紙もあるといい。クラスの人数が多いときは、見取る子どもの分担を決めよう。大勢の参観者が教室に入ると身動きがとれなくなることもあるので、広い教室があれば、場所を変えたほうがいい。

ほかにしておきたいのは、撮影機器の準備と、協議会のときに映像を映す機器（プロジェクター、テレビ、電子黒板、パソコンなど）の設定である。子どもの学びのようすを写真やビデオで撮影し、研究協議会のときにそれを映し出しながら話ができるといい。これができれば、授業記録（教師の発問と子どもの発言を逐語録的に記録したもの）は不要である。

２　研究授業の参観と研究協議会の運営

（１）子どもの見取りと撮影

研究授業が始まったら、参観する先生たちに、一人ひとりの子どもの学びのようすを見取ってもらおう。見取った内容に対応する場面を、写真やビデオに収められるとなおいい。繰り返しになるが、見取るのも撮影するのも、先生のする授業ではなく、子どもが学ぶ姿である。では具体的に、どのような場面を見取り、撮影したらいいのだろうか。いくつか例を挙げてみた。

○はじめの五分では、一人ひとりの子どもが、どんな思いで授業に向かおうとしているかを見取ろう。授業の準備ができていない子ども、ずっと髪をいじっている子ども、机の上に置いたタオルが離せない子どもがいる。気持ちが前を向いている子どももいれば、気分がすぐれない子どももいるだろう。「あれっ？　どうしたのかな？」と思う子どもがいたら、その後も注意深くようすを見ておこう。

○学習課題が示され、教材が提示されたときに、子どもの心の動きがどうであるか。学習課題と教材を子どもがどう受け取って、学習に取り組もうとしているか（あるいは取り組み損なっているか）を見取る。個人作業、ペア活動、班活動のそれぞれに、子どもはすぐに着手しているだろうか。心が動いているときは、「あっ、あれか、それならできる（やってみよう）」と思っている。

○個人作業、ペア活動、班活動のようすを見るときは、子どもの学びがどこで成立していて、どこで学びが途切れていたかという経過を、ていねいにたどろう。「できる－できない」を断片的に切り出しただけでは、子どもを見取ったことにならない。

○ペア活動や班活動の経過を見るポイントは、子ども同士のかかわりそのものというより、「子どもと教材がつながっているか」にある。大切なのは、教材を媒介にして子どもがつながっているかどうかである。よく話しているようでも、教材とつながっていないと学びに身が入らず、やがて対話は途絶える。

○学びが、自分のことになっているだろうか。班に用意されたホワイトボードを書く役目を引き受けている子どもは、しばしば、誰かが言ったことを書いているだけだ。学びが、他人事になっている。

○班活動のときに、ひとり（独り）になっている子どもがいないだろうか。ひとりだけ机が離れていないだろうか。体は、仲間のほうに向いているだろうか。いっしょに活動しているようでも、しばらくすると、ひとりになっていることがある。そんな子どもが、どんなふうにやりくりし、あるいはやりくりし損なっているのかを見取っておきたい。教科書や資料集をぺらぺらめくっているだけの子どもは、することを失って、時間をつぶしている。ノートやワークシートに書いては消すを繰り返している子どもは、わからないことを班の仲間に訊けず、困っている。

○もっと学びたいと思っている子どもが、退屈していないだろうか。つまずいている子どもを救ってあげることはもちろん大切だ。一方で、もっとしたいのにすることがない子どもにも、目を向けてあげる必要がある。こういう子どもを放置すると、教室の学びが停滞してしまう。

○個人作業、ペア活動、班活動のときに、授業者が子どもにかかわってくれることがある。そのときのようすとともに、先生が去った後に、自分たちで学べているかどうかを見ておこう。

○全体で共有する場面では、ペアや班の活動で学んだことを、一人ひとりの子どもが確認できているかどうかを見取ろう。子どもによっては、ペアや班で話しているときにはわからなくても、共有場面でほかの班の子の説明を聞いて納得できることがある。

○共有場面では、仲間の話を聞いているだけの子どもがいる。黒板は見ているが、鉛筆は置いている。手元のノートやワークシートに目を落としたり、書き足したりする気配はない。かろうじて、まとめだけは書く。学びがすでに終わっていないだろうか。

○班活動場面でも、共有場面でも、授業につきあっているだけの子どもがいる。そんな子どもは、しばしば、両手を机の下にしまっている。

○子どもの学びを左右する授業者の言葉や動きも、最低限でよいので記録しておこう。困っている子どもに気づいて、ケアをしてあげていたか。ペアや班の活動に入って、子どもの話をよく聞いてあげていたか。共有場面での立ち位置は、子どもの話を聞いてつなぐのに適していたか。子どもと教材をつなぐ（あるいは教材に戻す）ための手立ては十分であったか。しゃべりすぎていないか、動きすぎていないか（子どもの話を聞くことなく、ようすを見るだけのために動き回っていないか）。

(2) 研究協議会の持ち方

研究授業が終わったら、すみやかに研究協議会を始めよう。撮影した写真や動画を映しながら、子どもの学びと育ちを語り合う。学びを語るとは、一人ひとりの子どもの心の動きをたどることである。子どもの育ちとは、授業者が育てたかったことがどれだけ身についているかという事実である。参観した先生たちはぜひ、子どもの育ちを見つけてほしい。かつての担任なら、子どもの成長がよくわかるはずだ。授業者も、子どもの育ちを同僚から認めてもらうと励みになる。

研究協議会では、撮影した映像を映し出しながら、子どもの学びと育ちを語る。

付録　ケアのマインド

協同的な学びを取り入れた授業を、さまざまな立場の人たちが推奨している。本書も、そんな流れをくんで執筆された。

一方、この本でもっとも強調したかったのは、ていねいな子どもの見取りに基づく授業づくりだった。「子どもをよく見て授業をしてください」というメッセージを、あちこちにちりばめている。

さらに、このことと関連して、子どものケアについて、たくさんのアイディアを提案している。授業のなかで困っている子どもは、授業のなかで救ってあげよう。ケアの基本は、子どもの困り感に寄り添うことである。外部観察的に弱点を評価するのではなく、子どもの心の動きにチューニングしながら、その子が何にどう困っていて、どうしてほしいのかを感じ取ってほしいのだ。ケアのマインドといってもいい。

このあと掲載するのは、そんなケアのマインドについて、筆者の思いを親向けに綴った文章である。発達障害をテーマにした雑誌連載の再録だが、障害のあるなしにかかわらず、人を大切にするというのがどういうことなのかを語っている。一読いただけると嬉しい。

1 「困り感」に寄り添う

子どもが、私たちの期待するようにふるまえないことがある。そうした事例のなかには、発育途上の脳の障害が関係しているものがあるようだ。いわゆる、発達障害である。最近は、学びや生活の場面で、さまざまな支援方法が提案されている。また、当事者からの「合理的配慮」の申し出に対しては、周囲の人ができるかぎり応えなくてはいけないという気運が高まっている。とてもよいことだと思う。

しかし、ものごとにはマイナス面もついてまわる。発達障害という言葉が、子どもを育てる人たちのあいだで、いささか安易に使われているのが気になる。すこし育ちが遅いだけで、すぐに発達障害を疑ったり、周りの子どもと同じように動けないと、何の躊躇もなく「グレー（ゾーン）」などと言ったりしている。子どもが、何か悪いことでもしたのだろうか。

時代の変化も、背景にはありそうだ。発達障害という概念が一般に知られるようになって二〇年余りたつが、この間、私たちの社会は、おおらかさを半減させてしまった。「子どもなのだからこんなもの」と、言いづらくなっている。子どもの育ちがスタンダード（標準）から外れることを、必要以上に恐れている気がする。しかも皮肉なことに、それを助長しているのが、発達検査の存在かもしれないのだ。これらの問題は、子どもの権利を守るために、今後も折に触れて取り上げたいと思う。

ところで、このような話をするときに気をつけたいのは、当然だが、目の前にいる子どもの現実を置き去りにしないことである。それは、「子どもが困っている」という現実だ。子どものことで大人が困っているとき、それ以上に困っているのは子どもである。このことをわかってほしくて、私たちは「困り感」という用語を使うことにした。

「困り感」は、見ればわかるものから、経験を積まないと気づいてあげられないものまでさまざまである。手先が不器用で、ボタンがなかなかとめられずにいるのであれば、困っているのがすぐにわかる。反対に、気づいてあげにくい困り感もある。ゲームの途中で、友だちが嫌がることをし、いつも相手を怒らせてしまう子どもがいる。された相手はもちろん困っているのだが、人が嫌がることを繰り返すその子もまた、困っている。ゲームはしたいのだが、思うように勝てなくて困っているのだろう。また、自分のしていることが相手にどう受け止められているのかを感じとるのが苦手なので、「お友だちの気持ちを考えなさい」と諭されても、何をどう考えたらいいのかわからないのである。こんな「困り感」に気づいてあげるためには、その子の目に映る世界がどのようなものであるのかを、正確に写し取る必要がある。熟練がいる作業である。

かたや、子どもの「困り感」は、気づいてあげたからといって、そのすべてが解消できるわけではない。ボタンが苦手なら、着脱しやすい服を着せればすむことだが、ゲーム中のトラブルとなると、相手がいることだし、そう簡単に解決方法は見つからない。人の気持ちがわかるようになる魔法などないから（あったら怖いけれど）、私たちにできることは、子どもを困らせるお説教をやめて、その子の「困り感」を一緒に引き受けてあげることである。それだけで、子どもは救われる。

大切なのは、子どもをひとりにしないことだ。「困り感」を抱えていても、自分からは言えないのが子どもである。しかも、とことん困り果ててしまうと、自分が何に困っているのかすらわからなくなる。これでは、人に助けを求めようがない。子どもが困っているのに気づいたら、すぐに行ってあげてほしい。たくさん助けてもらった子どもは、優しい子に育つ。人は、苦しいときに誰かに助けてもらった経験をすると、心を優しく保てるようになるからである。

2　手持ちの力でやりくりする

子どもの問題をめぐって周りの大人が困惑しているとき、子どもは、その何倍も困っている。しかも、子どもを困らせているのは、たいてい、私たち大人である。

できないことを、させようとしていないだろうか。よく目にするのは、できない約束を子どもにさせている場面である。「ゲームは、宿題をすませてからする」という約束が守れないのは、それが「できない約束」だからである。はじめからできない約束なのに、どうしたらその約束が守れるのかを思案しても、答えは見つからない。できないものは、できないのだ。

こんなときの解決策は、「できることは、つくる」ことである。はじめに配慮してあげたいのは、宿題の分量や内容だ。これだけしたら終われるという見通しがもてないと、子どもはする気にならない。「できる宿題」にしてあげよう。

どうしてもゲームが気になるのなら、三〇分だけはしていいことにする。続きがしたければ、宿題をすませて「ゲーム延長券」をゲットするという取り決めをする（雑なやり方をすると、券はもらえない）。これなら、「できる約束」になるかもしれない。

ところで、障害のある子どもの「困り感」については、いまお話ししたような「できる－できない」というモードとは別の角度からも考えてあげる必要がある。着目したいのは、子どもがしている「やりくり」である。子ども「できる－できない」を気にして右往左往しているのは、子どもを外から眺めている大人たちである。この子たちは、のいる場所に立って、その子が周囲の環境とどうかかわっているのかを想像してみてほしい。この子たちは、日々、「やりくり」をしながら生きているのであって、「できる－できない」のモードには、大人が望むからつきあっているだけなのだ。

障害のある子どもは、日常生活の随所で不便さや不自由さを感じつつ、それぞれに「やりくり」を試みている。授業がわからない子どもは、教室にいるだけで大変だ。それでも、先生からいわれたことをし、暇な時間には何かすることを見つけて、授業が終わるのを待っている。

とはいえ、このような「やりくり」も、失敗したり破綻したりすることがある。退屈しのぎで近くにあるものを触っていると、周りの人の迷惑になるからやめなさいといわれる。座ってできることがほかにないと、知らぬ間に席を立っているのである。「やりくり」が限界に達した子どもは、次にすることを失い、途方に暮れている。

私たちは、「これをしたら、次はこれ」といった「流れ」を生成させながら生きている。一人ひとりが、大小さまざまな「自己物語」を紡いでいるといってもいいだろう。都会暮らしに区切りをつけて、地方への移住を決意したという大きな物語もあるし、今日は一歩も外に出ていないから、すこし歩きに行こうといった小さな物語もある。いずれも、過去を回想しつつ、未来へと進むための自己物語である。

教室ですることを失っている子どもは、自己物語が停止している。それまでの「やりくり」が破綻し、次の一歩が踏み出せずにいるのである。この事態は、与えられたことができない「困り感」よりも、はるかに深刻だ。放置して、不登校に陥るのも心配である。そうなると、親の自己物語まで停止してしまう。

では、停止した自己物語を再開させるためには、どうしてあげたらいいのだろうか。まずは、けなげに「やりくり」しようとしている、あるいはしそこなっている子どもに寄り添ってあげることである。いましていることを認めてあげるだけでも、子どもは安心する。そして、その子がしている「やりくり」の延長上に、もうすこしうまく「やりくり」できそうな方法を提案してみる。「できる－できない」の評価をいったん保留し、手持ちの小さな力で「やりくり」している子どもを応援してあげてほしい。

3　弱さを引き受ける

発達障害のある子どもの育ちについてお伝えしている。今回のテーマは、「弱さを引き受ける」である。愛着形成理論を手がかりに、お話しする。

子どもが、親（養育者）とのあいだで愛着関係を形成するのには、三つのモードがあると言われている。一つめは、身体的な接触である。抱っこをしたり、たかいたかいをしたりして、愛着関係を育む。二つめは、ものを媒介にした関係づくりである。いっしょにおもちゃで遊んだり、公園の遊具で遊んだりといったモードである。

注目したいのは三つめ、いっしょに佇むというモードである。例を挙げよう。駅前でゆるキャラが通行人と触れあっているところを、お母さんに手を引かれた子どもが通りがかった。興味深そうに見ていたので、ゆるキャラが手招きしてくれたのだが、子どもはお母さんにしがみついてしまう。怖がらせてもいけないので、お母さんはその場にしゃがみ、しばらく見物することにした。ゆるキャラがおかしな仕草をするたびに、親子で顔を見合わせ、感情を交流させる。このモードでは、いっしょに佇んでくれる親の存在が「安心の基地」になる。子どもはやがて、そこから外の世界へと踏み出す。愛着理論が描くのは、愛着関係を築くために十分な時間をかけてもらった子どもが、ひとりだちしていくシナリオである。

このような話を持ち出したのは、発達障害のある子どもには、愛着形成過程のなかでもとくに、いっしょに佇むモードで育つ時間を、たっぷりとってあげたいからだ。それは何より、子どもの「弱さを引き受ける」ためである。

「弱さ」とは、その人が置かれた環境で、本人につらい思いをさせている、その人自身が抱えた性質である。弱さは、誰にもある。環境によっては、人を追い詰める。人見知りの激しい人は、人間関係が強く求められる場面が、苦しくてしかたないだろう。気持ちが優しい人はどうかというと、周りの人からいいように使われたり、ときには騙されたりしていないだろうか。

また、「引き受ける」とは、弱さのある姿をそのまま承認することである。弱いところを治したり、強さに転じさせたりするのではない。

弱さじたい、良くも悪くもないものだが、それによって子どもにつらい思いをさせてはいけない。そうさせないように、いっしょに佇み、弱さを引き受けてあげたいのである。引っ込み思案な子どもを、わざわざ人の集まる場所に連れていく必要はない。嫌な思いをさせるだけである。ゆるキャラを眺めていた親子のように、子どもが望むだけ、いっしょに佇んであげよう。

とはいえ、子どもはどんどん大きくなる。長い目で育ちを見守ってあげたほうがいいことはわかっていても、親の気持ちは焦るばかりである。実際、もうすこしいっしょに佇むモードで育ててあげたいと思っていても、就学は否応なくやってくる。学校生活にようやく慣れた頃には、中学や高校への進学、そして社会が見えてくる。

問いたいのは、子育ての間、親がどこにいてあげたらいいかである。あちら側に社会があって、それを子どもがいるこちら側から見ているという絵を想像してほしい。大多数の人は、あちら側にいて、社会はそんなに甘くないのだと言っている。このとき、親まであちら側に行ってしまっては、子どもがひとり取り残されてしまう。

親は、こちら側にいてほしい。いっしょに佇んでしてあげたいのは、わが子にどんな弱さがあるかを知り、どんな助けがあればつらい思いをしないですむかを考えることである。それを手伝ってくれるよき支援者を見つけるのも親の役目である。

親からこんなふうにしてもらった子どもは、大人になってからも、必要なときにちょうどいい支援者に巡り会える。こうして子どもは、親の手を離れる。長くかかったいっしょに佇むモードが終わり、「安心の基地」も撤収できる。これまで、多くの親たちから子育ての話を聴いてきた。成人してからもうまくやれている人たちは、こうやって手をかけられて育った。

4　見晴らしのよい場所へ

発達障害のある子の子育てを巡り、「できないことはさせない」「弱さを引き受ける」といったスローガンを掲げてきた。読者のなかには、それが大切なことはわかるけれど、それだけでは、子どもは何もできるようにならないのではないかと心配する人がいることだろう。そこで今回は、できないことがどうやってできるようになるのかを、「学び」という観点から考える。

学びとは、「よき反復」である。例を挙げる。読書が趣味の人には経験があると思うが、気に入った本を何度も読むと、読むたびに発見がある。二回目を読んだときには、一回目に見落としていた叙述に気づいたり、物語の結末を予感させる仕掛けが見つかったりする。さらに、間隔を空けてまた読むと、一つひとつの言葉に、それまでとは違った意味を感じとれるようになったりする。同様のことは、映画や舞台芸術を繰り返し鑑賞する場合にも起きる。俳優さんの仕草や台詞、そして舞台演出などに、新たな気づきが生じる。これが、「よき反復」である。

ポイントを押さえよう。まず、反復といっても、毎回同じことが営まれているわけではない。二回めに読むのは、すでに一度読んだ自分である。三回目は、二回読んで内容を詳しく把握している自分である。それまでの読み方とはずいぶん違うはずだ。だから、発見がある。

ところで、こうした学びには、学んだ内容が何であったかが、後からわかるという性質がある。奇妙に聞こえるかもしれない。というのも、私たちが勉強をするときは、はじめに目標を立てるのがふつうだと考えられているからである。できるようになりたいこと、わかるようになりたいことは、最初に決めておくものだと信じている。一方、「よき反復」による学びでは、「何が学べるかは学んでみないとわからない」というのである。これでは、行き当たりばったりだろうか。

そんなことはない。学ぶ子どもの側に立ってみてほしい。子どもは、これから学ぶことが何かを知らないし、目標ももっていない。言葉のない子どもが、「いまから僕は言葉を学びます」と宣言して学びに取りかかるということがあるだろうか。宣言していたとしたら、すでにその子は、言葉を習得している。学校で分数の勉強をする子どもも同じである。目標を知っているのは先生であって、子どもではないのである。

このようなお話をしたのは、障害のある子どもに、豊かな学びを保証してあげたいからである。大人たちは、自分たちが決めた目標を示し、子どもにとっては苦痛でしかないノルマを課していないだろうか。できない反復練習をさせられる子どもは、与えられた問題にしぶしぶ取り組んでいる。「よき反復」とは、ほど遠い営みである。

それに替わる私たちのミッションは、子どもに「いろいろな経験をさせてあげること」である。このことを教えてくれたのは、特別支援学級を受けもつ小学校の先生であった。この先生の教室の壁面には、野菜作りや地域探訪など、子どもの活動の軌跡を描いたポスターが所狭しと貼ってあった。毎年繰り返される活動は、それこそ「よき反復」である。学年を重ねて、することがわかってくると、子どもは細かいことにもよく気づき、言われなくても動けるようになる。できることも、いつのまにか増えている。

そんな子どもの目には、世界がこれまでと違って映っているはずである。私はこのことを「見晴らしのよい場所に立たせてあげること」と言っている。校庭で遊ぶ子どもの姿を見つめながら先生は、「今していることが後でどう役に立つかはわかりません。だからこそ、いろいろな経験をさせたいのです。」と話してくれた。「よき反復」が何を産出するかは、誰にもわからない。それがどう役立つかは、もっとわからない。とはいえ人が動き出すのは、「あっあれか、それならできそう」と思えたときである。いろいろな経験を積んだ子どもは、自らの記憶を頼りに、より見晴らしのよい場所に向けて学びのつづきをする。

5　きょうだい児のこと

発達障害のある子どもを育てる親が抱える悩みの一つが、きょうだい児の子育てである。

よくあるのは、きょうだい喧嘩である。いいときには楽しそうに遊んでいるのだが、ちょっとしたことがきっかけで、たいへんな騒ぎになる。収拾にいたっても、我慢するのはきまってきょうだい児である。また、療育や通院、そして自分の仕事も忙しかったりすると、相手をしてあげられない日がつづく。寂しい思いをさせているとわかっていながら、生活はなかなか変えられない。

きょうだいのことを巡って私はよく、「同じように可愛がってあげるのは難しいけれど、それぞれに可愛がってあげることはできる」と言っている。「同じように」しようとすると無理がでてくる。きょうだい「それぞれに」、望むことをしてあげられたら理想である。

では、望むこととは何なのだろうか。もっとかまってほしいのは確かである。とはいえ、具体的に何をしてあげたらいいのかを考えると悩む。そこで今回は、一人のきょうだい児のエピソードを手かがりに、子どもの思いに迫りたい。語ってくれたのは、二つ歳の離れた弟さんが発達障害と診断されている、沙希さん（仮名）である。

弟さんは早くから療育を始めていたが、沙希さんはひとり幼稚園に通っていて、当時は、弟さんが周りの子と違っていると思ったことはなかったそうだ。それを意識しはじめたのは、弟さんが学校に上がり、同じ場所で学ぶようになってからだった。

小さな事件があったのは、弟さんの入学式だった。新入生が名前を呼ばれる場面で、弟さんは、緊張のあまり、すこしふざけた感じの返事をしてしまった。微笑ましい光景だったのかもしれないが、在校生として式に参列していた沙希さんにとっては、それがとても恥ずかしく、いつ自分が姉であることがわかってしまうか、はらはらしていたという。

しかし、そんな気持ちも、弟さんのことで精一杯の母親には、なかなか語り出せなかった。高学年になって担任との折り合いが悪く、学校を休みたかったときも、夜、母親の手が空いたすきに少し話を聴いてもらうだけで、翌朝には何ごともなかったかのように登校していた。

嬉しかったこともあった。弟さんの運動のためにと外出した運動公園では、母親とゆったりとした時間が過ごせた。弟さんのついでとはいえ、いっしょに通わせてもらった水泳教室では、友だちもできて、たくさん泳げるようになった。「つねに弟の脇役だったけれど、いいこともあったのですよ」と沙希さんは語る。

中学生になると、別の問題が浮上する。弟さんが学んでいた特別支援学級は、小学校のときは通常のクラスと同じ並びにあったのだが、中学校では別棟の端っこに追いやられていた。職場体験で出かけた福祉施設も、山の中だった。強い違和感を抱きながらも、沙希さんには、そんな思いを共有できる友だちがいなかった。弟さんのことにしても、隠していたわけではないのだが、話題にしたところで、相手が自分の話に興味をもってくれるとはかぎらない。もやもやした感覚を抱えたまま、自分の気持ちを届ける先がなかったのである。こういうときに、きょうだい児同士が集える場があったらなと思う。

高校生活も半ばに差しかかると、沙希さんは将来のことを考え始める。同じ頃、中学生の弟さんも、進路が決まらずにいた。「弟もたいへんそうだな」と、そのときは思ったのだそうだ。弟さんを客観視するようになったこの時期から、沙希さんは、自分の道を歩み出す。いまは、大学に進学し、医療職を目指している。

弟さんも、地元で頑張っている。それぞれに可愛がってあげれば、きょうだいはそれぞれに幸せになっていくのだが、子どもが小さいうちはそこまで見通せない。どうしていいかわからないときは、とりあえず、わが子が喜びそうなことを何か一つしてあげてほしい。

6　ほどほどの関係で

中堅企業の事務職員として働く女性が、自分には発達障害があって、与えられた仕事がうまくこなせていないと、チームリーダーに打ち明けた。リーダーはさっそく、チームのメンバーに、彼女が望む合理的配慮の内容を伝えた。

ところが、メンバーから返ってきたのは、「障害者雇用ではないのだし、仕事はちゃんとしてもらわないと困る。社会人として育つことも大切だ。それができないなら、本人にあった別の仕事を見つけたほうがいい。」という常套句だった。しかも、それを強く言うのが、障害者理解を自負している人だったものだから、リーダーはひどく困惑してしまった。

このような事例に触れるたびに私は、いったい何が共生社会の実現に向けた歩みを妨げているのかと考えてしまう。理由が一つでないことはたしかだが、なかでもやっかいな問題が、「紙一重さ」である。いくつか例を挙げてみる。

まず、「理解」と「支配」の紙一重さである。たとえば、「あなたは、こういう人だから」と、他人の性格についてわかったような言い方をする人がいる。あまりいい感じがしないだろう。そんなふうに言われつづけると、仮にそれが当たっていても（当たっていたらなおさら）、その人に支配されているような気分になる。障害がある人の場合はどうだろう。本人が望んでいないのに、「あなたは、障害者なのだから」と「理解」されてしまうことがないだろうか。これは「支配」でしかない。

「善意」と「排除」も紙一重である。冒頭の事例にあった常套句では、社会人として育ってもらいたいという見せかけの「善意」と、本人にあった別の仕事があるはずだという無責任な「善意」が、「排除」を生んでいる。善意は、いつでもたやすく、排除へと転化する。さらに本人へのアドバイスには、障害のあるあなたにとって必要なことだという、理解を楯にとった余計なお世話（支配）が見え隠れしている。

このような「紙一重さ」は、つねに私たちにつきまとう。理解はどうしても支配へと、善意はたちまち排除へと転化してしまう。それを防ぐのは、とても困難であるように思われる。私たちは、どう進んだらいいのだろうか。

こんなことを思案しながら、ふと昔のことを思い出した。五〇年余り前、私が子どものころ、近所に清三郎さん（仮名）という人がいた。歳は四〜五〇歳くらい、自動車修理工場の片隅にある、四畳半くらいの穴蔵のようなところに一人で暮らしていた。布を吊しただけの入り口に、消えかかった文字で朝日清三郎と書かれた表札があり、街の人たちは「せいさん」と呼んでいた。

ぼろを着て、よたよた歩く姿は、子どもからすると、近寄りがたい怖さがあった。その清三郎さんが、週に一度くらい、のそっと我が家の玄関先にやってくるのだった。親が留守のときは、私が出ていって「誰もいないよ」というと、無言で去っていった。ときどき、庭の草取りを頼むことがあって、取り残しはいっぱいあったのだが、仕事を終えるとビールを一本受け取り、ありがとうも言わずに帰っていった。親から聞いた話では、食べ物は近くのそば屋さんが残り物を分けてくれ、お風呂は一週間に一度、掃除をする前の銭湯に入れてもらっていたようである。

いまは時代が違うといわれるかもしれない。しかし、この話には共生の母型がある。近所の人たちはだれも、せいさんを「理解」しようとはしなかったが、みなせいさんのことは知っていた。だれも、おせっかいな「善意」をもつことなく、そのときどきにやれる人がせいさんの生活の一部を支えていた。

推奨したいのは、ほどほどの関係である。こちらの都合で理解しようとするのをやめて「よくわからないけれど知っている、というところで留めておくこと」、そして善意を装って無理なことを求めるのをやめて「ひとりにはしないけれど、そっとしておいてあげること」である。

初出：雑誌『佼成』（佼成出版社）第七一巻第五号～第一〇号（二〇二〇年五月～一〇月）に掲載された連載「特性を「障害」にしない支援」。なお、転載にあたって一部改変した。

あとがき

この本の原稿を書き終えてしばらくしたころ、まえがきにも書いた中学校で、想定外のことが起きていた。協同学習による授業づくりに取り組んで一八年あまり、気がつくと特別支援学級でも協同的な学びによる授業が定着し、結果的に通常の学級と特別支援学級との壁がなくなっていたのだ。

この事実を目の当たりにし、あらたに一章を書き加えたくなったのだが、すでに脱稿していたため、あとがきとして発展途上の実践を報告させてもらうことにした。

通常の学級が六学級、特別支援学級は、知的障害のクラスが一学級、自閉症・情緒障害のクラスが五学級、あわせて六学級ある。廊下と教室のあいだは透明なガラス窓で仕切られているので、どのクラスでも班体形になって学び合いの授業が繰り広げられているのがすぐにわかる。どのクラスでも、といったのは、もちろん特別支援学級を含めてのことである。

通常の学級は、三〇~四〇人のクラス編成なので、教室には四人単位の班がいくつもある。子どもたちは、黙々とその時間の学習課題に向かっていた。黒板の前に人の姿はなく、先生は、ひとりになりがちな子どもや活動が滞っている班の傍らに座って、話を聞いてあげていた。特別支援学級をのぞくと、三~五人程度の子どもが机を寄せ、教科の授業を受けていた。先生もそこに机をつけて、班の学びに立ち会っている。それは、通常の学級で、先生が班活動に居合わせるのと同じ光景だった。子どもの話を聞き、子どもの考えをつなぎ、そして必要なときには教材や授業のテーマに戻す。班は多くても二つなので、教室はとても静かだ。教材は、子どもの力に合わせて用意されるが、授業で扱う内容は通常の学級と同じである。

校長とも確認し合ったのは、特別支援学級が「勉強をする教室になっている」ことだった。授業に入りづらかった子どもが、教室に戻ってきた。学校ぐるみで実践をつづけてきた成果である。残念なことに、いま各地の小中学校では、不用意な「交流及び共同学習」が子どもの学習機会を奪っている。かたや、行き過ぎた個別化は、子どもを対話と協力による学びから遠ざけている。子どもは、支援をしてもらうために学校に来ているのではない。この子たちに教育を受ける権利が保障されているのか、気がかりでしかたなかった。そんな折、近くの中学校の先生たちと一緒に進めてきた協同学習の実践が、思わぬ答えを出してくれたのだった。現時点で目指すべきインクルージョンとは、「時間と場所が違っても、同じ教育内容を子どもに保証すること」である。小さな光が見えた。

特別支援学級の授業を見ていて気づいたことがもう一つあった。教科を教える先生たちのスキルアップが図れているかもしれないのだ。一つの班にずっとはりついていられるので、班活動をする子どものようすが克明にわかる。通常の学級の授業ではしたくてもできないことだ。活動を促すときにつかう「一往復半の技術」なども、その気になれば磨ける。通常の学級の授業も上手になる。

最後に、この本の執筆にあたって、協同学習の授業にかかわるたくさんの素材を提供してくださった先生たちに心からお礼を申し上げたい。掲載できたのはそのなかのごく一部であるが、向から先を共有できる仲間の存在は本当にありがたかった。出版にいたる過程では、創元社の吉岡昌俊さんにたいへんお世話になった。著者以上に著者の意を汲み、企画段階からていねいに作業をつづけてもらった。この場をお借りし、あらためて感謝の意を表したい。

二〇二三年一一月

佐藤　曉

著者紹介

佐藤　暁（さとう・さとる）

1959年生まれ。筑波大学第二学群人間学類卒業、同大学院教育研究科修了。博士（学校教育学）。現在、岡山大学学術研究院教育学域教授。
主な著書に、『発達障害のある子の困り感に寄り添う支援』（学研、2004年）、『入門 特別支援学級の学級づくりと授業づくり』（学研、2012年）、『どの子もこぼれ落とさない授業づくり45』（岩崎学術出版社、2012年）、『障がいのある子の保育・教育のための実践障がい学』（ミネルヴァ書房、2015年）、『イラストでわかる！ 発達障害の子どもを困らせないクラスづくり』（学研、2020年）などがある。

対話《たいわ》と協力《きょうりょく》を生《う》み出《だ》す協同学習《きょうどうがくしゅう》
一人《ひとり》ひとりをケアする授業《じゅぎょう》づくり

二〇二四年一月二〇日　第一版第一刷発行

〈著　者〉佐藤　暁
〈発行者〉矢部敬一
〈発行所〉株式会社 創元社
本　社　〒五四一－〇〇四七　大阪市中央区淡路町四－三－六
電　話　〇六－六二三一－九〇一〇(代)
ＦＡＸ　〇六－六二三三－三一一一(代)
東京支店　〒一〇一－〇〇五一　東京都千代田区神田神保町一－二
田辺ビル
電　話　〇三－六八一一－〇六六二(代)
https://www.sogensha.co.jp/
〈印刷所〉株式会社 太洋社
装幀・イラスト・本文組　野田和浩

ISBN978-4-422-12075-1 C0037